I0500509

Шанти Натхини

(М. В. Николаева)

НИТИ-ШАСТРА

«Панчатантра»:
Стратегия преуспевания

«Хитопадеша»:
Парадоксы взаимности

Первое издание:

«Крылов» (Санкт-Петербург, 2005)

Второе издание:

«Амрита-Русь» (Москва, 2007)

Третье издание:

«Традиция» (Москва, 2014)

ISBN-13: 978-1466256835

ISBN-10: 1466256834

Шанти Натхини

(М. В. Николаева)

НИТИ-ШАСТРА

«Панчатантра»:
Стратегия преуспевания

«Хитопадеша»:
Парадоксы взаимности

CreateSpace
2017

НИТИ-ШАСТРА

«Панчатантра»:
Стратегия преуспевания

«Хитопадеша»:
Парадоксы взаимности

Предисловие к третьему изданию

Несмотря на легкость изложения в форме затейливых историй, нити-шастра – это именно наука о поведении, или индийская психология. В древнем обществе к таким знаниям относились с пиететом, в современном книгоиздании "Панчатантра" и "Хитопадеша" считаются признанной классикой мировой литературы, которая оказала влияние на многих известных писателей всех континентов. Всего насчитывается более 200 переводов на 60 языков мира. Традиции золотого века русской прозы тоже не остались в стороне от коннотаций со столь яркими произведениями. Но в данном случае речь идет не просто о переводе, - ведь будучи профессиональным философом, я постаралась переосмыслить знаковые сюжеты и создать современную интерпретацию.

Работа над этими текстами началась примерно посредине моего в общей сложности 5-летнего пребывания в Индии, и это не случайно! Жизнь в индийском обществе перенасыщена драматизмом, где приходится очень быстро оценивать все аспекты сложных стуаций и приматьрешения, воистину судьбоносные. Конечно, со временем я задалась вопросом, как индийцы умудряются существовать в такой круговерти. Открыв для себя нити-шастру, я скоро поняла, что подспудно серьезный подход к мирской деятельности, кажущейся на поверхности сплошным карнавалом, доселе актуален, а в книжных магазинах культурных центров можно найти сразу полтора десятка оригинальных и переводных изданий этих классических трактатов.

Работа над первой книгой по "Панчатантре" происходила осенью 2005 года, начавшись в Варанаси - древнеиндийском городе, доселе сохранившим традиционный уклад жизни и неповторимый колорит обычаев, а завершившись в Ришикеше - городе мудрецов, хранивших многовековую мудрость шастр. Первое издание вышло почти сразу в серии "Школа управления судьбой", выпускаемой тогда издательством "Невский проспект" в Санкт-Петербурге под измененным редакцией названием

"Искусство жизни среди львов и шакалов, или Как править собственным царством", где сама "Панчатантра" упоминалась только в подзаголовке. Признаться, я была неудовлетворена такой примитивной подачей, но работу продолжила.

Вторая книга по "Хитопадеше" была создана в начале 2006 года в Майсуре после посещения археологического памятника Махабалипурам, где среди древних развалин можно найти сюжеты нити-шастры в росписях дворцовых стен. Этому тексту повезло меньше - он увидел свет лишь весной 2007 года, когда было принято решение переиздать первую книгу по "Панчатантре" в московском издательстве "Амрита-Русь". Так обе книги вышли серией в авторской редакции под моим духовным именем Шанти Натхини, однако годом позже при допечатке названия снова были изменены на "Стратегия успеха" и "Искусство взаимоотношений". А потом случилось почти чудо: сгорел склад издательства с остатками тиражей нарочито искаженных публикаций!

Несмотря на все перипетии издательской судьбы, наконец-то мои труды обрели должный вид в одном томе, изданном «Традицией» в 2014 году, по сути продолжая традиции комментирования классических трактатов, принятой в Индии.

Я хотела бы снова поблагодарить всех своих коллег-философов и сотрудников в издательской и организаторской сферах деятельности за поддержку моих исследовательских проектов!

Мария Владимировна Николаева,
Санкт-Петербург, 2014

Книга 1.
«Панчатантра»:
Стратегия преуспевания

Людям давно известны средства самопознания и методы изменения личности, использование которых позволяет направить бурный поток жизни в нужное русло. Испокон веков, опробовав на себе приемы достижения успеха, люди делились ими друг с другом, создавая целые системы, позволяющие превратить почти любую, даже самую «запущенную» жизнь, в шедевр изобилия всех благ и гармонии между ними. К подобным собраниям «сочинений собственной судьбы» относится древнеиндийское пятикнижие, которое на санскрите так и называется «Панчатантра».

В индийской культуре она относится к области нити-шастры – «науки о правильном поведении», которой обучали сынов в знатных семьях. Однако проблемы, затронутые в «Панчатантре», присущи любому обществу во всякое время: поиск работы, преумножение богатства, обретение друзей, вступление в брак. Наставления «Панчатантры» даются в метафорической форме – в виде назидательных историй. Образование – основная цель «Панчатантры»: в него вложен особый смысл, и оно осуществляется особым методом.

Введение. Искусство жизни

Переживание странности того очевидного факта, что я существую и воспринимаю себя самого, временами захлестывает душу каждого человека, особенно, если жизнь почему-то не складывается. Кажется, так уж вышло, что вы – это вы, и бессильны поменять себя на кого-нибудь другого, кто нравится вам больше. Даже с удивлением обнаружив собственную способность менять не только «тела», но и «души», поначалу мы теряемся в догадках, как же наилучшим образом воспользоваться столь уникальной способностью человеческого существа. Итак, если я не удовлетворен собой и жизнью, ничто не мешает мне попробовать поменять и себя самого и внешнее окружение. В поисках идеалов, «сделать бы жизнь с кого», и способов превращения, всякий из нас быстро понимает, что не ему первому пришла на ум эта замечательная идея – жить лучше. Людям давно известны средства самопознания и методы изменения личности, использование которых позволяет направить бурный поток жизни в нужное русло. Испокон веков, опробовав на себе приемы достижения успеха, люди делились ими друг с другом, создавая целые системы, позволяющие превратить почти любую, даже самую «запущенную» жизнь, в шедевр изобилия всех благ и гармонии между ними. К подобным собраниям «сочинений собственной судьбы» относится древнеиндийское пятикнижие, которое на санскрите так и называется «Панчатантра».

Мудрость «Панчатантры» копилась тысячелетиями, складываясь из опыта жизни мирских людей, не претендующих на святость. В индийской культуре она относится к области нити-шастры – «науки о правильном поведении», которой обучали сынов в знатных семьях. Однако проблемы, затронутые в «Панчатантре», присущи любому обществу во всякое время: поиск работы, преумножение богатства, обретение друзей, вступление в брак. Прежде всего человек, живущий среди людей, должен обеспечить собственную безопасность, завоевать прочное положение в социуме, окружить себя надежными друзьями и создать крепкую семью. Когда же у него все есть, перед ним встает задача прожить жизнь с пользой и наслаждением, а это уже не столько наука, сколько искусство. Вот почему наставления «Панчатантры» даются в метафорической форме – в виде назидательных историй, понимание которых требует не просто размышления, а глубокого чувства, острой интуиции, творческого подхода к жизни. Образование – основная цель «Панчатантры»: в него вкладывается особый смысл, оно осуществляется особым методом.

В некотором царстве правил могучий царь, и было у него три сына, совершенно бездарные и ленивые. Забота омрачила царский лик, ибо правитель прекрасно понимал: бездетность доставляет печаль, а смерть детей вызывает временную скорбь, тогда как глупые сыновья отравляют всю жизнь, принося все новые и новые беды до самой смерти. Тогда созвал царь советников и спросил их мнения, и они принялись объяснять, как следует «пробуждать разум»: сначала двенадцать лет грамматики, затем изучение священных писаний... Но здесь вмешался один из советников и обратился к царю: «Ваше Величество! Жизнь человеческая коротка, а овладение всеми науками в совершенстве требует вечности. Не стоит тратить время на книжную премудрость, а следует научиться схватывать главное, уметь отличать истину от иллюзии. Так лебедь, которому подносят смесь молока с водой, выпивает молоко и оставляет нетронутой воду. Знаю я одного брахмана, искушенного в науках и умудренного опытом. Отдай сынов к нему в обучение, и он пробудит их разум в мгновение ока».

Учитель пообещал всего за полгода преподать царским сыновьям науку практической жизни, обучить их всем тонкостям поведения в обществе, позволяющего удерживать верховное положение среди людей и управлять течением событий. Итак, «Панчатантра» – это учебник, призванный пробудить интерес к преуспеянию в жизни, поэтому его отличает необыкновенная занимательность повествования. Истории переплетаются самым причудливым образом, так что герои одной становятся рассказчиками другой, а темы сменяются так же неожиданно, как и в реальных ситуациях. Однако такое чтение требует поистине царского досуга, которым современный читатель, как правило, не располагает, равно как нет у него и умудренного опытом наставника. Для того чтобы использовать «Панчатантру» в качестве самоучителя для достижения успеха, мы постарались преподнести это знание последовательно: выделить насущные цели, привести сначала краткие наставления, а затем и примеры, показывающие, как общие правила работают в разных обстоятельствах. Конечно, самое главное – уловить отношение к жизни в целом, которое характеризуется в индийской культуре понятием «карма», позволяющем совместить в сознании необходимость активных действий с принятием неизбежной участи.

Глава 1. Судьба или свобода

Поначалу противоречивые заявления «Панчатантры» сбивают с толку: «Мы всегда должны быть энергичными!» и «От судьбы не уйдешь!» – вот крайности, между которыми всякий раз приходится проходить, словно по лезвию бритвы. На самом деле, никакого противоречия здесь нет, ибо «судьба» - это просто созревшая карма. Человек проживает множество жизней, он связан с огромным количеством людей, которые тоже постоянно действуют в том же самом мире. В результате повторения схожих поступков или совершения значительных усилий накапливается мощная тенденция к развитию событий совершенно определенным образом. Соответственно, вокруг человека сгущается и особая атмосфера, в которой формируется ответная реакция мира на его деятельность. Чем важнее ситуация, тем в большей степени она привлекает внимание, и тем более она обусловлена прошлым, тогда как в повседневной жизни человек располагает широкой свободой выбора. Все, что якобы «предопределено судьбой», происходит в результате прошлых деяний человека, и даже боги не властны изменить его участь.

При подобном отношении к жизни важнее всего научиться отличать в стечении обстоятельств то, на что можно повлиять, от того, с чем следует смириться. Когда человек бездействует, хотя от него многое зависит, он становится игрушкой в руках богов и людей; когда же он пытается противиться роковым событиям, то просто понапрасну теряет время и силы. Действовать или бездействовать – вот первый урок, который надлежит усвоить тому, кто намерен всегда извлекать «лучшее» из всего, что ни делается вокруг. Но для того чтобы отрешенно и безошибочно совершать этот простой выбор, приходится пересмотреть отношение к жизни в целом. Когда путешествуешь по современной Индии, возникает впечатление, что индийцы всегда счастливы. Не важно, богатые или бедные, здоровые или увечные, образованные или невежественные – все они быстро действуют и говорят, часто смеются и почти всегда улыбаются. Как же они представляют самих себя в окружающем их мире, что даже кремация трупов похожа на праздник? «Жизнь – это игра! Сыграй в нее», - так говорят многие современные индийские учителя, но эта мудрость основана на тех же древнейших понятиях, объясняющих устройство мира, которыми пользуется и наставник в «Панчатантре» для обучения искусству преуспеяния в жизни.

Три главных представления о жизни составляют основу «игрового» восприятия жизни, хотя отношение к этой игре предельно серьезно. Во-первых, это теория перевоплощений – осознание собственного существования не только в пределах одной жизни, но и в процессе перерождений. Человек, способный поменять тело и не утратить самосознания, действует в мире совсем иначе, нежели человек-«смертник». Во-вторых, это теория кармы – принятие ответственности за создание окружающей обстановки, возникающей в результате тех или иных поступков человека в прошлом. Очевидно, тот, кто чувствует себя творцом своего мира, обращается со всем вокруг осторожнее и бережнее, нежели тот, кто занимает позицию «жертвы» или «хищника». В-третьих, это теория майи – «реальной нереальности» всего существующего, скрывающей истинную реальность, которая представляет собой единство бытия-сознания-блаженства. Мирская жизнь проходит легко и непринужденно, независимо от того, окажется человек победителем или побежденным, если он верит или видит, что те и другие растворяются в конце концов в чистом божественном свете.

Перед современным западным человеком едва ли стоит проблема принятия и использования этих представлений, ибо все они давно «на слуху», а многие усвоены на практическом уровне. Карма, перевоплощение и майя – слова, привычные и для русского читателя, насыщенные смысловыми оттенками, вызывающие верные и ложные истолкования. Однако в «Панчатантре», как «учебнике везения» именно в мирских делах, придается особое значение достижению результата в пределах одной жизни. Тем не менее, едва ли кого-нибудь будет шокировать то, что большинство историй «Панчатантры» кончаются смертью, ибо таков главный урок для героя, которому предстоит начать все сначала. Для того чтобы поменять отношение к жизни, нужно в каком-то смысле перевоплотиться,

9

стать другим человеком и создать для себя новый мир. Вот почему так важно принять саму идею необходимости перемен в сознании и реальности, уловив принципы действия трех названных законов – божественных и людских. Жизнь – это игра, но «по правилам», которые нужно выучить и неукоснительно соблюдать, чтобы всегда выигрывать.

Жизнь и смерть: колесо перевоплощений

В религии индусов хорошо не то, что мы «отдав концы, не умираем насовсем» и оживаем вновь, а то, что человек способен выйти из колеса перевоплощений, преодолев отождествление со своей ограниченной личностью. Однако в «Панчатантре» отсутствует идея святости, или полного «освобождения» от человеческого существования вообще, ибо она создана с прямо противоположной целью – наслаждения жизнью. Тем не менее, это наслаждение конечно, и для человека важно, например, не просто накопить богатство, а научиться накапливать богатство. Разница состоит в том, что в первом случае богатство исчезает еще при жизни или со смертью, тогда как во втором случае даже разорившись или переродившись нищим, человек сохраняет знание о том, как разбогатеть и способен восстановить нужный достаток. В пределах мирского сознания единственное, чего нельзя избежать, - это смерть, и принятие идеи смерти позволяет человеку выстроить свои действия в правильной перспективе. А иначе его ждет участь того попугая, который решил, что смерть относится к области свободного выбора, но очень быстро осознал свою ошибку.

Был у бога Индры любимый попугай, которого он всегда держал на своей ладони. Попугай наслаждался всеми благами райской жизни, пока его не стала снедать жажда знаний, и он не проведал о смертности живых существ. Вскоре к трону Индры приблизился по своим делам бог смерти Яма, и попугай затрепетал от ужаса. Тогда все небожители, желая успокоить волнение любимой птицы царя богов, попросили Яму даровать попугаю бессмертие. Однако бог смерти ответил, что это не в его власти, ибо Время решает, какой век отмерить каждому, а он лишь принимает умерших в свое царство. Тогда небожители взяли с собой попугая и отправились нанести визит Времени, но услышали из его уст: «Смерть сама решает, когда ей наступить. Так что ступайте к ней!» Но едва они приблизились к Смерти, как попугай скончался от одного взгляда в ее лицо. Потрясенные небожители обратились к Яме с просьбой разъяснить, что случилось, и бог смерти сказал: «Просто ему было предначертано умереть при встрече со Смертью!»

Как мы видим, глупо перечить концу, предначертанному свыше, поэтому к смерти необходимо готовиться, чтобы она не застигла вас врасплох. Какого бы положения в жизни вы ни добились, вы не сможете взять с собой ничего, кроме сознания успеха, чувства удовлетворения жизнью, а значит именно в таком состоянии следует проживать жизнь, независимо от количества накопленных вещей и покоренных людей. Для того чтобы жить подобно богу на земле, следует всегда охватывать своим сознанием всю вселенную, то есть помнить о боге. Успех как бы «материализуется», и все приходит к тому, кто способен вместить безграничные приобретения в своей душе, и особое значение имеет предсмертная мысль. Однако человек постоянно беспокоится о чем-то мелком, лишая себя возможности свершения великих дел, а смерть наступает внезапно. В известной индийской притче рассказывается, как хитрый лавочник дал сыновьям имена богов, чтобы в момент смерти, призывая их к себе, не забыть о божественном. И вот, будучи уже на смертном одре, он вскричал: «Вишну, Брахма, Шива!» А стоило им предстать перед отцом, взволновался: «Коли все вы здесь, так на кого ж вы лавку-то оставили?» С этой мелкой мыслью лавочник помер, а значит, с ней же он и родится, не планируя ничего в новой жизни, кроме обустройства лавки.

Избитая фраза «жизнь – это игра со смертью» обретает глубокий смысл. Перевоплотиться можно и при этой жизни, достаточно поменять отношение к ней, и тогда все внутри и вокруг вас изменится. Вот почему, даже при полном принятии самовластия смерти, другая крайность – фатализм, покорность перед неизбежным развитием событий – тоже порицается. Возможно, это настоящая смерть, а может быть – просто опасная ситуация, в которой нужно проверить свои силы. Человек не должен пускать все на самотек, ибо многое можно изменить, приложив некоторые усилия, а главное «передумав» поступать только так, а не иначе. Проще говоря, не стоит оставлять на следующую жизнь то, что можно получить или потратить сегодня, ведь все равно задуманное рано или поздно воплощается. Если вы готовы к смерти, но решили сделать что-то, - делайте, и тогда у вас появятся одновременно опыт и новые возможности. Нельзя избежать смерти, но зачастую совсем несложно отсрочить ее приход, уклониться от преждевременной гибели, или хотя бы изменить обстоятельства кончины, обеспечив себе благое перерождение.

В большом озере жили три рыбы, и звали их Провидец, Реалист и Фаталист. Однажды на берег пришли рыбаки, и Провидец догадался, что они намерены забросить на следующее утро сети. Предупредив своих друзей, он предложил им немедленно перебраться в другое озеро по протоку, но они отказались. Реалист рассудил трезво: «Я всю жизнь прожил в этом озере и не могу покинуть его в одночасье. Вот если они и впрямь начнут ловлю, тогда видно будет, что делать». А Фаталист сказал: «Много озер кругом, и кто знает, где они примутся ловить рыбу? Не следует покидать родину при малейшей опасности, и я никогда не поступлю столь неблагородным образом». Провидец в одиночестве перебрался в другое озеро, а утром рыбаки забросили сети и выловили всю рыбу. Оказавшись на берегу, Реалист притворился мертвым, и его выбросили обратно в воду. Фаталист же покорно возлежал в сетях, словно в гамаке, пока его не выпотрошили и изжарили.

Однако правда фатализма заключается в том, что обитатели любого ограниченного пространства, будь то водоем или город, не в состоянии предвидеть все вторжения извне. Современный человек не в меру разумен, он привык планировать и активно воплощать намеченные замыслы. Тем не менее, он постоянно сталкивается с чем-то непредвиденным, ибо мир огромен и непостижим. Исходя из собственного понимания, вы действуете, получаете какой-то результат, который заставляет вас скорректировать планы, затем снова действуете и т.д. Однако нередко посреди бурной деятельности возникает нечто, что вызывает желание поменять не отдельные частности, а направление жизни в целом. Индийцы всегда ставили прямое видение реальности выше разумных рассуждений, почитая провидцев более, нежели ученых. Также и в повседневной жизни всякий человек нередко вынужден ориентироваться на неопределенное чувство, невесть откуда появившееся и заглушающее голос разума. Откровение или искушение? – Вот в чем вопрос… Но верный ответ всегда сопровождает само чувство, окрашивая его вдохновением или тревогой, и подлинное прозрение невозможно спутать ни с каким иным предощущением, вводящим в соблазн. В истории, очень похожей на судьбу Фаталиста, подчеркивается, что не долгие размышления, а обостренная интуиция помогают познать истину.

В одном пруду жили две рыбы – Тугодум и Многодум, и подружились они с лягушкой по имени Однодум. Когда на берегу показались рыбаки, друзья стали совещаться, что же им делать. Тугодум и Многодум пустились в рассуждения, а Однодум сказал: «Вам известно множество способов избежать гибели, а в моей голове есть только одна мысль, и она приказывает мне бежать отсюда!» Лягушка ускакала, а рыбы запутались сначала в собственных мыслях, а затем и в сетях.

«Быть или не быть?» - не последний вопрос, на который приходится искать ответ в теории перевоплощения. Как мы видим, даже обладая ограниченным знанием реальности, все-таки предпочтительнее действовать, нежели бессильно опускать руки и теряться в догадках. Однако человек не настолько примитивен, чтобы, почуяв надвигающуюся опасность, просто ускакать в противоположную сторону, подобно лягушке. Каждый из нас способен действовать лишь в соответствии со своей натурой, выказывая сложившийся характер. Нам не все равно *как* жить и *как* умирать. Вот почему обетование множества перерождений необходимо, но не достаточно для спокойного и уверенного действия в мире. «И будешь баобабом тыщу лет, пока помрешь!» – нет ничего страшнее подобного долголетия для человека, равно как и упования на следующую жизнь в такой же беспросветной тупости. Кроме продолжительности жизни и количества жизней нас волнует «качество жизни», а оно описывается уже другой теорией – завязывания, созревания и вкушения плодов личной кармы. Каждый сам создает свой внешний облик и характер, но впоследствии он принимает себя таким, каков он есть, вместе с сопутствующими страданиями или наслаждениями.

Облик и характер: степень зрелости кармы

«Человек только сам себе друг, только сам себе враг бывает. Пусть собою себя он поднимет, пусть собою себя не уронит!» - так идея кармы, или творения самого себя, была представлена в древнейшем эпосе «Бхагавадгите», который создавался в той же культуре, что и «Панчатантра». Человек делает самого себя каждым своим поступком, последствия которого возвращаются к нему извне, словно усилившееся эхо. Даже физическое тело, со всеми его изъянами, представляет собой «затвердевшие» помыслы, что и отражается в термине «воплощение». Поскольку же далеко не всегда реакция мира на человеческие действия бывает немедленной, а зачастую требует для своего проявления особых условий, человек «накапливает карму». Таким образом, он всегда находится в череде событий, которые вызваны самыми разными его поступками в более или менее отдаленном прошлом. И наоборот, его собственные привычки поступать в схожих обстоятельствах совершенно определенным образом создают его личный характер, неповторимую манеру поведения. Тот, что влез в чужую шкуру, недолго в ней продержится, поэтому все попытки «обмануть судьбу» бесполезны, ибо судьба не приходит снаружи, а зарождается и созревает внутри. Вы действуете, действуете, действуете, и вот вы уже не можете действовать иначе, даже если совершенно необходимо измениться.

Был у одного горожанина осел, исхудавший от недостатка сочной травы на улицах города, и он решил отправить его «на поправку» пастись в луга. Проезжая на осле через лес, хозяин наткнулся на мертвого тигра и догадался содрать с него шкуру, чтобы напялить на осла. «Крестьяне примут осла за тигра, и никто не осмелится

14

прогнать его с луга», - справедливо рассудил он. Некоторое время его надежды оправдывались, и осел совсем поправился, воспрял духом и повеселел. Но вот однажды издали донесся рев ослицы, и воспылавший страстью осел призывно взревел в ответ. Тогда крестьяне догадались, что под тигриной шкурой скрывается осел, и забили его камнями до смерти.

«Панчатантра» учит артистичности, вызывает вдохновение мастерски сыграть жизнь, но до известных пределов, ибо «рожденный ползать летать не может». Наиболее сильно обусловлен человек поступками прошлых жизней, особенно потому, что он не помнит тех событий, которые заставляют его считать себя таким, а не иным. Совокупность действий всех предшествующих воплощений заставляет нас принять конкретный физический облик с врожденными склонностями. Конечно, человек волен действовать иначе, однако он едва ли способен захотеть «потерять себя». Хорошо известно, что даже нищие и увечные, которым помогли выбраться из самого жалкого положения, нередко возвращаются в те же трущобы, где они чувствуют себя «как дома». До какого-то определенного уровня сознания человек любит себя – в потертом костюме с бородавками на лице, но будет чувствовать себя неловко в новом костюме и с гладкими щеками. Инерция на психологическом уровне подчас делает самодовольство неподатливее твердой материи, и человек вынужден всю жизнь копить новый опыт, подталкивающий его к решению измениться, чтобы нечто стронулось в его душе с привычного места. Даже тот, кто сызмальства вырос приемышем в чужой семье, не ведая о своем истинном происхождении, усвоив внешние манеры родителей, выдает свою истинную натуру, удивляя самого себя и окружающих.

В глухом лесу жил лев, который каждый день приносил в логово какую-то добычу, чтобы доставить пропитание львице с львятами. Однажды не попалось ему ничего, кроме детеныша шакала, и он притащил его живьем, предложив львице самой решать, съесть его сразу или подождать, когда он немного подрастет. Материнское сердце сжалось от сострадания, и вместо того, чтобы утолить голод неокрепшим тельцем, львица напоила детеныша своим молоком и приняла в семейство. Шакал подрастал, считая себя львом, и до поры до времени играл вместе с львятами. Но вот повстречали они как-то слона, и молодые львы решили загрызть его, а шакал поджал хвост и спрятался в логове. Когда львята вернулись домой, гордые удачной охотой, они принялись смеяться над братом и стыдить его перед родителями. Не вытерпев, оскорбленный шакал воскликнул: «Я один найду слона и расправлюсь с ним!» Тогда львица попросила его не делать глупостей и открыла правду о его происхождении. Развенчанный «лев» ссутулился и трусцой отправился на поиски настоящих сородичей.

«Кто я такой?», «Почему я это я?» – вопросы, на который каждый день, при внимательном отношении к себе, приходится отвечать несколько иначе. «Познай самого себя!» – это воззвание должно быть написано над дверями любого дома, а не оставаться уделом профессиональных философов. Конечно, самоисследование бесконечно, а самокопание близко к психопатологии и нередко приводит к душевным расстройствам. Однако человек должен представлять хотя бы в общих чертах, на что он способен в этой жизни, чего ему следует ожидать от себя в будущем. Правильно оценивая свою натуру, врожденные склонности, человек обретает возможность сформировать свой характер, используя имеющиеся достоинства и преодолев недостатки. Так, отчаяние шакала в последней истории было вызвано именно неудачной попыткой сыграть в жизни роль льва, не располагая необходимой физической мощью. Тем не менее, в других сюжетах мы еще встретимся с неунывающими шакалами, которые с помощью присущей им хитрости умело используют силу львов в собственных интересах. Успех возможен, когда вы с самого начала ясно и отчетливо понимаете, кто вы, и действуете адекватно. И нет никаких сомнений в том, что, готовя себя к свершению подвигов и созданию шедевров, человек способен развивать имеющиеся таланты, всякий раз превосходя самого себя.

Реальность и иллюзия: под покровом майи

«Не делите шкуру неубитого медведя!» – так в русском фольклоре передается правило действия кармы, согласно которому не следует опережать события. Действительность может настолько сильно отличаться от ваших представлений о самом себе, что при первом же столкновении с нею порушатся целые воздушные замки. В индийской культуре вся окружающая обстановка считается «майей», и это понятие часто неверно переводят как «иллюзия», тогда как его смысл приблизительно можно передать словосочетанием «реальная нереальность». Речь идет не о том, что все вокруг нам только кажется, а о том, что существуют различные степени проявления истинной реальности. Самый обычный пример, который приводят для пояснения: подобно тому, как сон обладает меньшей степенью реальности по сравнению с состоянием бодрствования, так и жизнь – лишь сон по сравнению с состоянием просветления. Поскольку «Панчатантра» написана для обычных людей, представление об иллюзорности жизни передается в ней именно через истории о развеянных грезах. Стоит только сделать одно неловкое движение рукой, и его оказывается достаточно, чтобы смахнуть непрочный фундамент, на котором вы нагромоздили свое славное будущее. Примечательно, что один из сюжетов «Панчатантры» почти в точности воспроизводит содержание русской народной сказки, и его смысл хорошо понятен нам с вами.

На большом празднике нищенствующему брахману подали столько пищи, что он наелся досыта, да еще наполнил целую чашу и взял с собой. Устроившись на ночлег, брахман поставил перед собой чашу, сосредоточил на ней пристальный взор и погрузился в гипнотический транс, предвкушая грядущие перемены в своей судьбе. «Поутру хозяйки пойдут на базар, и я продам готовую пищу за сто рупий, а на эти деньги куплю пару коз. Каждый год они будут приносить козлят, а на выручку от их продажи я куплю корову с быком. Разбогатев на продаже масла и молока, я женюсь, и жена родит мне сына. Когда мальчик повзрослеет и начнет взбираться ко мне на колени, я буду читать книги или думать. Если же сын соскочит с колен и побежит во двор, я крикну жене, чтобы она поймала его и вернула. А коли жена будет занята по хозяйству и не обратит внимания на мои слова, я вскочу и дам ей хорошую оплеуху!» Не на шутку рассердившись на будущую жену, брахман замахнулся и вдребезги разбил стоявшую перед ним чашу, смешав еду с грязью.

«Будьте осторожнее, ибо от каждого вашего действия многое зависит!» – учит «Панчатантра», подчеркивая простую материалистическую истину: опыт – критерий! Хотя каждый поступок выявляет границы наших возможностей, нередко оказывается, что человек должен проявлять настойчивость в выполнении задуманного. Не следует забывать, что вокруг много завистников, которые пытаются представить дело в выгодном для них свете, сбить вас с толку. Существует закон «обмена кармой», и когда человеку сильно повезло, окружающие стараются воспользоваться его счастьем. Самое сложное – научиться различать принятие общей судьбы и подверженность внешним влияниям. Ведь именно от этого зависит решение – делиться или не делиться с ближними своей удачей. В «Панчатантре» глубинная связь между людьми, их неразрывное единство прекрасно переданы в образе двухголовой птицы Бхарунды. Как-то раз одна голова пила сладкий нектар, но отказалась угостить другую голову, и тогда измученная жаждой вторая голова принялась пить ядовитое зелье. Нетрудно догадаться, что двухголовая птица погибла, и к подобному концу направляется всякий человек, страдающий раздвоением помыслов, но настаивающий на обособлении от ближних. Однако совсем другое дело, когда завистники нарочно называют нектар ядом, чтобы выпить его самим, как это случилось с брахманом, раздобывшим козла на заклание, но «подарившим» его на жаркое проходимцам.

Жил в одном городе бедный брахман, давший обет поддерживать жертвенный огонь и совершать в положенный срок жертвоприношения. Однажды отправился он в ближайшую деревню, чтобы испросить животное на заклание, и благочестивый пастух даровал ему подходящего козла. Брахман взвалил козла на плечи и тронулся в обратный путь, а по дороге его повстречали три голодных вора, у которых слюнки потекли от предвкушения жаркого. Посовещавшись, они составили хитрый план, как заполучить козла. Первый вор забежал вперед и, словно невзначай попавшись навстречу брахману, запричитал: «О, несчастный! Зачем ты тащишь с собой нечистую тварь – дохлую собаку?» Через некоторое время повстречался брахман второго вора и услышал: «О несчастный! Как ты посмел спутать ноги священной корове?» Наконец, третий вор вышел навстречу брахману из-за поворота и сокрушенно покачал головой: «О несчастный! Разве не глупо водрузить на плечи вьючное животное - осла?» В конце концов, брахман не выдержал: «Видать и впрямь что-то неладное творится с жертвенным козлом! Может это и не козел вовсе, а оборотень!» С этой мыслью брахман поспешно бросил козла на дороге, а стоило ему скрыться из виду, как воры принялись разводить костер, чтобы приготовить праздничный ужин.

Итак, искусство правильного поведения включает в себя умение самостоятельно мыслить и безошибочно решать, стоит ли прислушиваться к окружающим. Даже настоящий успех в мирских делах – лишь дым от божественного огня, в котором сгорает человеческая жизнь, и вам самим виднее, какую степень реальности придавать своим достижениям, на каких весах взвешивать их ценность в своей судьбе. Общественное мнение – источник социальных мифов, когда иллюзорность бытия словно возводится во вторую степень. Любое воспитание и образование предполагает послушание, а хорошее воспитание можно получить только при усвоении тех манер, которые уже признаны в обществе. Так образование становится одной из существенных составляющих при наработке благой или неблагой кармы. Люди вместе занимаются созданием наиболее приятной иллюзии, которую они готовы поддерживать. Но и в осознании мира как «майи» есть свои крайности - полное невнимание к советам и пояснениям, даже если они поступают безо всякой просьбы с вашей стороны, и наоборот, некритическое впитывание всего услышанного. В «Панчатантре» обе модели поведения представлены в образах обезьяны и попугаев, и при полном погружении в свои или чужие иллюзии вам предстоит разделить участь одного из этих персонажей.

В глухом лесу зимним вечером стая обезьян зябла в ветвях дерева, мечтая погреться у огня. Неожиданно одна из них заметила в траве рой мотыльков алого цвета, похожий на искры от костра. Обрадовавшись, обезьяна принялась набрасывать на мотыльков сухую траву, что есть мочи раздувая огонь и, разогреваясь от натуги, она воображала, что вокруг и впрямь потеплело. Сердобольная птичка, опустившись на ветку неподалеку, стала щебетать над самым ухом обезьяны о тщетности ее усилий. Сначала увлеченная своим занятием обезьяна не обращала на нее внимания, а когда та подлетела совсем близко, ей надоела досадная трескотня. Не долго думая, обезьяна схватила несчастную советчицу и размазала ее по скале...

В лесу на горном склоне в гнезде попугаев вылупилось два птенца, но не успели они как следует оперитьcя, как их нашел охотник и решил отнести в свое жилище. По дороге он потерял одного птенца, однако его подобрал проходивший по той же дороге отшельник и принес в свою обитель. Таким образом один попугай вырос в охотничьей избушке, а другой – в келье отшельника. Как-то раз в лесу заблудился царь, а когда он продирался сквозь чащу, то попугай охотников закричал на него из клетки: «Свяжите его! Убейте его!» Когда же царь добрался до опушки, то попугай отшельников ласково пригласил его отдохнуть: «Добро пожаловать в обитель! Да будете вы благословенны!» Царь удивился, но скоро понял, что оба попугая просто выучили речи своих хозяев, и их поведение не заслуживает ни порицания, ни похвалы.

Всякое воспитание приносит свои плоды, и человеку предстоит вкусить их в настоящей или последующей жизни, получив хорошее или плохое рождение. Но еще более «сочные» плоды, будут они сладкими либо горькими, приносит самовоспитание. Осознав действие трех главных законов, по которым формируется судьба и обретается свобода, человек становится творцом себя и своего мира. Эти законы универсальны, и их знание позволяет разобраться в любой ситуации. В «Панчатантре» много историй посвящено решению насущных жизненных задач, но закон кармы — последовательность причин и следствий — действует во всяком случае. Неважно, собираетесь ли вы зарабатывать деньги или вступать в брак, менять работу или сражаться с врагами, вам всегда следует помнить об основной схеме, по которой развиваются события. Во-первых, ваша жизнь — лишь эпизод в цепи перевоплощений, поэтому не стоит ни бояться, ни самодурствовать. Во-вторых, ваша участь — результат ваших собственных усилий, поэтому не стоит ни отчаиваться, ни уповать на чудеса. В-третьих, ваша реальность — в той или иной мере иллюзия, которую вы поддерживаете вопреки окружающим или при их помощи, поэтому не стоит ни очаровываться, ни разочаровываться. Итак, играйте свою жизнь с вдохновением, ибо единственный зритель, которому ваше сценическое мастерство должно доставить подлинное наслаждение, которого созданный вами образ должен «убедить» в его неотразимости - вы сами. Вживайтесь в себя, не забывая о том впечатлении, которое вы собираетесь произвести на самого себя.

Глава 2. Деньги и безденежье

В индийском сознании материальное благосостояние прочно связывалось с добродетельностью человека, но ведь для того, чтобы стать богатым, нужно любить деньги! Таким образом, желание обогащения никогда не воспринималось как нечто постыдное и греховное, а напротив, всегда поощрялось как свидетельство стремления к устойчивости в жизни. Всем хорошо известно, что в индийской традиции также оказалась на высоком уровне культура нищенства, и до сих пор бродячие монахи испрашивают подаяние на улицах деревень и городов. Однако благосостояние домохозяина и нищенство отшельника – две стороны одной монеты, и щедрость подаяний всегда была признаком высоты духовного развития человека. Для домохозяина накормить странника и пожертвовать часть доходов храму или монастырю было естественной частью повседневности. И, конечно, возможность поддерживать тех, кто отказался от мирской жизни для достижения освобождения, напрямую зависела от богатства мирян. Вот почему всякий святой благословлял своих благодетелей на процветание и долголетие, вовсе не порицая их за то, что они не спешат оставить дом и предаться подвижничеству. Более того, всячески поощрялось стремление достичь просветления, не отказываясь от обычной жизни. В итоге, любовь к деньгам не мешала духовному развитию, а наоборот, всячески ему способствовала, обеспечивая реальную помощь ближним и упрочение собственных возможностей.

Человеку для жизни нужны деньги, и не лучше ли быть мертвым, чем бедным? В жизни человека есть три главные ценности: добродетель, деньги, любовь, и при отсутствии хотя бы одной из них жизнь становится ущербной. При всей очевидности подобных заявлений мудрость «Панчатантры» не опускается до банального мнения о том, что деньги – самое важное. Наоборот, денег всегда должно быть достаточно именно потому, что они значат совсем немного, а мудрецу не подобает занимать свой разум пустяками. Бедность – это серьезный порок, ибо нищие не в состоянии забыть о деньгах, которых им не хватает. Тем не менее, ценностью обладает не владение богатством, а умение его использовать, которое зависит от состояния сознания владельца. Жизнь в бедности в большинстве случаев выдает внутреннее убожество человека, полную неспособность к созиданию, порочные свойства натуры, свершение дурных дел в прошлом. Но иногда бедность принимается добровольно или дается свыше как испытание, и тогда по прошествии положенного срока человека ждет вознаграждение – царская милость, наследство, обретение сокровищ или брак с принцессой. Деньги присущи человеку как неотъемлемая часть мирской жизни, а безденежье воспринимается как своего рода безжизненность. Да и что человек может без денег?

В качестве чистой «энергии», способной превратиться в любую «материю», деньги дают все необходимое, составляя посредством пищи самое тело человека, облекая его в одежды и укрывая его в доме. Краткий шутливый стишок передает крайнее неприятие бедности, неприемлемость нищеты для продолжения жизни. Нищий, проходивший мимо площадки для кремации, окликает труп: «Вставай! Давай поменяемся: возьми мою жизнь в бедности, а мне отдай комфортное место на кладбище!» Однако покойник даже не повернул головы в его сторону, будучи уверен, что лучше быть мертвым, нежели влачить дни в нищете. Человек без денег, отощавший и ослабевший, не способен хотя бы немного пошевелиться, чтобы предпринять какие-то шаги для поисков хорошего заработка. Он вращается в порочном кругу, ибо без наличных денег не раздобыть еще больших денег, а самое сложное – перейти в иной цикл существования, обрести такой ритм бытия, в котором деньги приносят деньги, вдыхают новые силы для получения высоких доходов. Прибыль нужна всем – и бедным, и богатым, поэтому никто не равнодушен к вопросам, как заработать на жизнь, как сохранить и преумножить богатство, как поддерживать уровень доходов, как избежать ненужного риска. «Панчатантра» дает ответы на все эти вопросы.

Любовь к богатству: как «делать деньги»?

Итак, человеку нужны деньги, деньги, деньги! А приходят они к нему одним из шести путей: сбор подаяния, служба при дворе, труд в поле, мастерство в деле, ростовщичество и торговля. Названия этих занятий звучат несколько архаично, но нельзя сказать, что источники дохода радикально изменились. И среди всех способов «делать деньги» торговля до сих пор остается единственным, не заставляющим чрезмерно напрягаться, а все остальные требуют постоянных усилий. Согласно «Панчатантре», удачная торговля развивается при выполнении одного из семи условий: обман при взвешивании и отмеривании, взвинчивание цены, содержание ломбарда или пункта обмена валюты, удерживание постоянных клиентов, наращивание основного капитала и выпуск акций компании, владение предметами роскоши, связи с зарубежными партнерами и налаженные каналы экспорта за границу. Древнеиндийские экономисты рекомендуют уделять особое внимание именно последнему образу действий, поэтому купцы в поисках высоких доходов неизменно отправляются за границу. Большинство из них уезжает и возвращается, тогда как постоянным представителем фирмы за рубежом может стать только тот, кто одержим идеей высокого заработка, ведь ему приходится пожертвовать всем ради денег – оставить родину, дом и семью, друзей и любимых, близкие сердцу места и все, все, все.

Положим, вам нужно заработать деньги, и вы обдумываете, где вам больше заплатят за работу, куда лучше вложить капитал, чтобы он принес более высокий процент. Точно так же и тысячи лет назад люди мечтали о деньгах и научились их зарабатывать, и даже теперь многое из их практического опыта не утратило своей ценности. Так, богатый купец по имени Прибыль, чьи добродетели со временем увенчались прочным благосостоянием, размышляет глубокой ночью: «Даже несметные сокровища слеживаются и оседают, развеиваются подобно куче золы, тогда как небольшое состояние, если к нему прибавлять по крупице, растет подобно муравьиной насыпи. Всякое богатство следует преумножать: не заработанное – зарабатывать, заработанное – сберегать, сбереженное – вкладывать в новое дело. Деньги, не пущенные в оборот, - все равно, что потерянные деньги!» Приведя в порядок свои мысли, купец поутру пускается в путь, но на лесной дороге ему приходится оставить охромевшего быка, дальнейшая судьба которого становится завязкой сюжета первой книги «Потеря друзей». Дружба царя леса – льва - с быком не нравится его слугам – шакалам, и в поисках способа расстроить эту дружбу они рассказывают истории, в частности, о заработанных и потерянных деньгах. Судьба купца остается неизвестной, но проясняются и пути получения заработка, и сопутствующие «финансовые риски».

Жили-были в одном городе два друга, купеческие сыновья, по прозванию Лживый и Правдивый. Как-то раз отправились они в другой город, чтобы подзаработать денег, и Правдивый благодаря хорошей карме скоро нашел прямо на дороге горшок с тысячью золотых. Посоветовавшись, они повернули назад, ибо цель их странствий была достигнута. Правдивый предлагал поделить деньги поровну, но Лживый настоял на том, чтобы каждый из них взял по сто монет, а остальные они спрятали в укромном месте. За год Лживый растранжирил все деньги, и вместе с Правдивым они взяли еще по сто монет каждый. Год спустя история повторилась, но Лживый поразмыслил и решил забрать оставшиеся шестьсот монет, а когда они с другом обнаружили пустой горшок, он обвинил Правдивого в краже и стал требовать свою половину.

Когда оба предстали перед судом, Лживый заявил: «Есть у меня свидетель – богиня дерева мимозы, и она даст вам точный ответ, кто из нас прав». Судьи согласились отправиться наутро в лес, Лживый же подговорил своего отца спрятаться в дупле и произнести всего пару слов, чтобы завладеть деньгами. Так они и сделали, а услышав вещание гласа божьего, судьи собрались наказать Правдивого. Однако в силу своей добродетельности он обладал даром провидения, который и помог ему когда-то узреть скрытое сокровище. Правдивый бросил раскаленные угли в дупло, и, когда мимозу охватило пламя, оттуда выскочил старик с выпученными глазами и завопил: «Это все Лживый наделал!» Тогда судьи не мешкая повесили вора на суку мимозы, а Правдивого пригласили во дворец, где царь одарил его по-царски...

Невольно на память приходят размышления купца: «Деньги, не пущенные в оборот, - все равно, что потерянные деньги!» Отсюда следует тот простой вывод, что поиск заработка актуален всегда, независимо от уровня благосостояния. Как и всякая энергия, деньги должны находиться в непрерывном движении, подобно некоему потоку, а не застаиваться, создавая давление на сознание владельца. Кроме того, в последней истории намечается и тема ненадежности сбережений, вложенных совместно с кем-то, что всегда создает соблазн присвоить себе всю сумму. Тем не менее, в поиске денег и их сохранении человека выручает его собственная «карма денег», и если она «хорошая», то никто никогда не сможет его обмануть. Далее, отправляясь на заработки на чужбину, предприимчивый торговец рискует также потерять все имущество, оставленное у себя дома, равно как и сам дом. Даже если друзья обещают присмотреть за хозяйством, они могут сами воспользоваться его вещами или отнестись равнодушно к вторжению грабителей. Однако и здесь мы находим подтверждение действенности закона кармы: тот, кому хватило смелости и сообразительности, чтобы устроиться на работу в другом городе или за рубежом, по возвращении легко изобретает способ вернуть украденное или обстроиться заново.

В некоем городе проживал купец, который потерпел значительные убытки и был вынужден отправиться за границу, в страну с более низким уровнем жизни. Все соседи сильно злорадствовали, ибо долгое время они терпели его надменность, и его обнищание доставило им радость. Перед отъездом он оставил последнюю ценность - большие железные весы – своему другу-купцу под залог. Когда дела его поправились, после успешной торговли за границей купец вернулся домой и стал требовать вернуть весы, но услышал в ответ: «Приятель, весы твои мышь съела!» Тогда купец пожелал принять омовение с дороги и попросил обманщика послать с ним сына, чтобы посторожить на берегу реки вещи. Там он завел мальчика в пещеру, завалил вход камнями, а по возвращении сказал обеспокоенному отцу: «Приятель, сына твоего ястреб унес!» Представ перед судом, он невозмутимо заявил: «Там, где мышь способна съесть пудовые железные весы, и ястреб наделен слоновьей силой…» Судьи были удивлены и попросили объяснений, а выслушав всю историю, долго смеялись и велели купцам вернуть друг другу пропажи.

Человек бедный склонен хвататься за любую работу, пускаться в любые авантюры, рисковать всем, чем располагает. «Панчатантра» учит нас осмотрительности, ведь желание заработать деньги, верное по сути, требует правильного осуществления. Так, следует выбрать наилучший способ заработка, позаботиться о сохранности имущества, найти надежных компаньонов, заранее продумать место хранения денег и, конечно, хорошо представлять, на что следует тратить деньги в первую очередь. Деньги имеют ценность лишь соответственно тому, что на них можно купить. Иными словами, «деньги могут превратиться в бумагу для оклейки стен, а недвижимость – это всегда недвижимость». Невозможно заработать все деньги, необходимые для обеспечения существования. Все равно деньги – это неудержимый поток, проносящийся через жизнь человека, а точнее, проносящий его через жизнь. Течение может быть слабым или сильным, но его нельзя остановить, как нельзя остановить само время. Все меняется, а всякое изменение в быту требует новых расходов, и деньги «утекают сквозь пальцы», поэтому важно следить за тем, чтобы не ослабевал их приток, а доходы превышали расходы. Деньги надо тратить, а значит, их нужно снова зарабатывать – в такой форме предстает известный закон вращения в колесе перевоплощений. Заработок – это карма, то есть правильное или неправильное действие, а деньги – майя, то есть иллюзия, которая в той или иной степени превращается в реальность.

Каждому свое: «хозяева» и «слуги» денег

Допустим, вам удалось овладеть наукой заработков, и деньги обрели силу реальности, но тогда перед вами встает следующая задача – размещение сбережений. Обладатель несметных сокровищ, который предпочитает сохранять деньги, не вкладывая их в дело, превращается в «ночного сторожа» собственных богатств, однако всегда рискует быть ограбленным, особенно в пути. Ему нельзя доверять никому – ни ученикам, ни попутчикам, причем первые оказываются порой более бессовестными, нежели вторые. Вор, желающий завладеть деньгами, способен клясться всем святым, чтобы втереться в доверие и проникнуть в дом, но иногда его посещает раскаяние, и он способен на самопожертвование ради восстановления справедливости. Богач и вор – оба страстно любят деньги, а «деньги любят предприимчивых». Деньги уступают силе, наделяя энергией любого владельца, независимо от его добродетельности. Борьба за деньги – это состязание в хитрости и ловкости, позволяющее помериться силой тем, кто заведомо не равен по степени учености и высоте статуса. Человек всегда должен быть деятельным и отважным, чтобы удача и деньги устремлялись к нему сами по себе, как к магниту. В кошельке того, кто уверен в себе и своих доходах, деньги «чувствуют себя, как дома». Тогда как изъятые деньги причиняют неслыханное страдание, оставляя ограбленного владельца опустошенным и подавленным.

В отдаленном монастыре обитал некий святой, которому за долгие годы жизни на подаяние удалось скопить крупную сумму денег, ибо пожертвования верующих были порой весьма щедрыми. Сторожа богатства денно и нощно, он не доверял пришельцам и никому не позволял гостить в обители, похожей на крепость. Когда же один грабитель возжелал изъять сии сокровища, он придумал хитрый план: попроситься к святому в ученики и постепенно расположить его к себе. При встрече со святым он сокрушенно посетовал: «Отче, мирская жизнь тщетна, и годы исчезают один за другим словно в жертвенном огне... Как пересечь бурный океан жизни и достичь освобождения?» Святой благословил благой порыв, похвальный в столь юном возрасте, и велел вести аскетическую жизнь в соломенной хижине у ворот монастыря.

Так и не проникнув внутрь обители, вор предавался по ночам размышлениям, стоит ли ему отравить или зарезать учителя, но выжидал момента. Наконец, однажды святого пригласили в соседнюю деревню совершить обряд посвящения, и он по традиции отправился туда вместе с учеником, прихватив с собой деньги, чтобы не оставлять их в опустевшей обители. Дойдя до священной реки, святой возжелал совершить омовение, замотал сокровище в снятые одежды и велел ученику сторожить их. Нужно ли добавлять, что по возвращении он застыл в недоумении на пустом берегу и, бессильно рухнув наземь, отчаянно возопил вослед исчезнувшим богатствам: «Наглый обманщик! Где мои деньги?!»

Хорошо известно, что обогащение сказывается на характере, и человек дотоле робкий и мягкий может превратиться в разнузданного грубияна. Однако из этого не следует, что богач становится невнимателен к людям, если только он не повредился в рассудке от обманчивого чувства всемогущества. Наоборот, гораздо чаще он становится подозрителен, ибо забота о сохранении имущества заставляет его вглядываться в лица, прислушиваться к молве, изучать свойства характера собеседника даже при непродолжительном знакомстве. Обладатель богатства волей-неволей вынужден хорошо разбираться в людях, а если остановиться только на крайностях, то для него «лучше совестливый враг, чем подлый друг», как гласит пословица. Иными словами, предпочтительнее иметь благородных конкурентов, нежели недобросовестных партнеров. Даже если вы решили «съесть» драгоценности из опасения, что их могут у вас отнять, вы оказываетесь зависимым от окружающих в гораздо большей мере, чем раньше: прежде вас могли ограбить, а теперь вас могут убить. Близость к деньгам гарантирует сохранность имущества, а удаленность от денег обещает спасение жизни. По счастью, в ситуации «кошелек или жизнь» случайный попутчик подчас более справедлив, нежели принявший обеты сподвижник. Однако такая случайность не должна оставаться без благодарности, ибо она была создана не только вашей, но и его кармой.

В некотором царстве принц подружился с сыновьями купца и судьи, и все они проводили время в забавах, пренебрегая обучением. Когда же на них обрушился отцовский гнев, они порешили отправиться в странствия, положившись на свои силы и судьбу. По пути им посчастливилось найти на дороге драгоценные алмазы, которые они, посовещавшись, решили съесть, чтобы пронести через лес, полный разбойников. Неведомо им было, что за ними наблюдал один неудачливый искатель алмазов, который сразу решил попроситься к ним в попутчики, чтобы на первом же ночлеге вспороть их животы и добыть драгоценности. Однако вечером их захватили разбойники, которые, не найдя ничего ценного, догадались, где могут найти добычу, и собрались «проверить» внутренности пленников. Перед лицом неминуемой смерти злоумышленник подумал: «Я только что собирался предать мучительной смерти своих спутников, а теперь такая же участь ожидает меня самого. Не лучше ли избавить хотя бы их от казни?» Тогда он предложил вспороть его живот первым, и, конечно, разбойники ничего там не нашли, после чего решили отпустить остальных невредимыми.

Гораздо опаснее владеть драгоценностями, чем просто деньгами, ведь кроме просто стоимости они обладают «личностью» и нередко тянут за собой долгую историю страстей человеческих. Старые драгоценные камни наделены устойчивой аурой, которая может влиять не только на переменчивость характера, но и вызывать последовательность роковых событий, которые никогда не произошли бы, воздержись вы от приобретения кольца или броши. Люди любят вкладывать деньги в украшения, которые не подвержены инфляции, а также выступают в любом светском обществе символом высокого положения и несусветного богатства. Если вы таковыми в действительности не обладаете, то здесь заключается вторая трудность, к преодолению которой готов далеко не всякий. Владеть ценными вещами может только тот, кто чувствует себя защищенным от любых посягательств, а тот, кому они достались случайно, рискует поплатиться жизнью, если только он не окружен верными друзьями или же не находится под покровительством знатных особ. Нередко обладатель ценной вещи провоцирует конфликт в ближайшем окружении, ибо появление золота у бедняка всегда нуждается в оправдании, а если его источник не очевиден, то вокруг несчастного начинают роиться мифы и строиться всевозможные козни. В «Панчатантре» подчеркивается, что только человек добродетельный обладает внутренним правом разбогатеть неожиданным образом, так что никто не в силах столкнуть его в прежнюю бедность.

В небольшом городишке проживал брахман по имени Жертвователь, и его жена вечно причитала: «Ах ты, ленивые кости, каменное сердце! Посмотри на голодных детей! Отправляйся куда угодно, но принеси им поесть!» Наконец, брахман пошел в лес и набрел на пересохший колодец, на дне которого сидели тигр, обезьяна, змея и человек. Сжалившись, он вытащил их одного за другим, и каждый из зверей пригласил его в гости, а человек сказал: «Я золотых дел мастер. Если у тебя когда-нибудь появится золото, приноси его мне для обработки». Навестив тигра, брахман получил от него в подарок золотой венец, который остался в логове тигра среди костей съеденного им заблудившегося в лесу принца. Не мешкая, Жертвователь отправился к ювелиру и попросил продать украшение, чтобы купить детям еды.

Неблагодарный человек вспомнил, что когда-то он сам смастерил этот венец для принца, и направился прямиком в царские покои, чтобы заработать побольше. Как только царь услышал о брахмане, убившем его сына из-за драгоценностей, он велел одарить ювелира за донос и казнить преступника. Тогда брахман позвал на помощь змею, и она укусила царицу, открыв секрет противоядия только брахману. Волей-неволей, царю пришлось смириться с тем, чтобы убийца его сына приступил к исцелению его супруги. Когда же она и впрямь выздоровела, царь воздал ему великие почести и попросил раскрыть правду. Жертвователь поведал всю историю, и потрясенный царь немедленно бросил в темницу ювелира, а брахману даровал тысячу деревень, чтобы его семья больше никогда не знала нужды.

Размышление над подобными историями приводит к избавлению от так называемой «денежной лихорадки», ибо всякому становится понятно, что иметь или не иметь деньги – это судьба. Зарабатывая деньги, человек обнаруживает, что ему это удается легче или труднее, нежели остальным, даже если он по видимости прикладывает столько же усилий. Достоинство человека, дающее ему право на богатство, вовсе не зависит от его умения считать деньги, ведь то, что принадлежит ему по праву, он всегда получит без малейших усилий. «Каждому свое!» - этот суровый принцип жестокого материалистского общества находит оправдание в законе кармы, согласно которому каждый человек получает «заработанное» им по заслугам. Хотя вам бывает трудно разобраться в том, какие действия в прошлом привели к тем или иным следствиям, «карма денег» работает сама по себе с безупречной точностью. «То, что тебе причитается, всяко тебе достанется!» - эта крылатая фраза означает не то, что можно не трудиться, чтобы зарабатывать на жизнь, а то, что получение денег зависит не только от усилий, направленных на обретение богатства, но и от образа действий на протяжении жизни в самых разных отношениях. В конечном счете, на благосостоянии сказывается все: душевное настроение, общение с ближними, течение мыслей, а происходит это именно потому, что деньги суть универсальный эквивалент энергии, или «чистая материя».

В богатом торговом городе жил купец по имени Океан, и однажды его сын купил книгу за сотню монет, в которой была всего одна поэтическая строка: «То, что тебе причитается, всяко тебе достанется!» Едва взглянув на покупку, разгневанный отец воскликнул: «Простак! Так-то ты умеешь считать деньги! Вон из моего дома!» – и указал сыну на дверь. Покинув отчий дом без гроша в кармане, юноша отправился в другой город, где его прозвали Простаком. В своих скитаниях он перенес много лишений, но постоянно попадал в самые необычные истории, без труда получая то, что поначалу принадлежало другим. В конце концов, принцесса перепутала его со своим любимым и заключила с ним «брак на небесах», и тайна сия дошла до слуха царя. Не желая скандала, тот согласился узаконить брак и даровал молодым тысячу деревень. Так досталось Простаку то, что причиталось ему по не ведомым никому причинам, и жил он беспечно в достатке до самой смерти.

Деньги приходят и уходят, а характер человека неотделим от него самого, и самое бесценное сокровище – здоровье тела и покой души. К такому простому выводу приходит всякий, кто на собственном опыте прочувствовал, каково жить в бедности и богатстве, и понял, что не количество денег, а отношение к ним делает нас богатыми или бедными. В зависимости от заслуг в прошлых жизнях, создающих чувство удовлетворенности или ущербности, каждый из нас рождается господином или слугой денег: одним даровано наслаждаться всеми удовольствиями, покупаемыми за деньги, а другим суждено работать ради денег. Если по каким-то причинам «выплата кармических долгов» откладывается, то неадекватная предрасположенность к скупости или транжирству указывает на истинное достояние человека. Действия, совершаемые сегодня, могут оказаться успешными, а вот удастся ли сохранить приобретенное, зависит от множества обстоятельств, созданных на протяжении длительного времени. Карма неизмеримо сильнее тех попыток изменить жизнь, которые человек предпринимает в течение последних нескольких лет. Судьбой управляют как Делатель, так и Вершитель, и если первый дает свободу выбора в настоящем, то второй подводит итоги с учетом всего содеянного в прошлом. «Рабу денег» предначертано терпеть бедность, а все старания разбогатеть окажутся тщетными, и так будет продолжаться до тех пор, пока он не научится принимать деньги как дар и тратить их по-господски легко и щедро.

В некоем городе жил впроголодь бедный ткач, а звали его Тюфяк. Никак не мог он скопить деньжат, и как он ни трудился, зарабатывал лишь на еду и одежду для всей семьи. С завистью поглядывая на особняки богатых фабрикантов, как-то вечером он заявил жене: «Не дают мне конкуренты раскрутиться здесь, поищу-ка я место поспокойнее». Напрасно отговаривала его жена, уверяя, что деньги не пристают к рукам странников, да и глупо за ними гоняться, ведь «несбыточное не сбывается, а предначертанное происходит само собой». Проработав за границей три года, ткач получил триста золотых и отправился в обратный путь. Проходя через дремучий лес, он решил заночевать на дереве, а посреди ночи привиделись ему фигуры двух мужей, беседующих между собой. «Слушай, Деятель! – обратился один к другому. - Зачем ты позволил Тюфяку заработать триста золотых? Разве ты не знаешь, что ему не положено иметь ничего, кроме еды и одежды?» Тот же бесстрастно ответил: «Твоя воля Вершитель! Я вознаградил его за старания, а тебе решать, достоин ли он награды!»

Наутро ткач открыл сумку и увидел, что она пуста. Пришлось несчастному снова отправляться на заработки, и на сей раз он получил всего за год пятьсот золотых. Выбрав другой путь через лес, Тюфяк к ужасу своему оказался вечером перед тем же самым деревом и сразу подумал: «От судьбы не уйти!» С чувством обреченного вскарабкался он на ветви и попробовал заснуть, но тут снова предстали его взору две знакомых фигуры. История в точности повторилась, и бедняга порешил свести счеты с жизнью не медля: свил веревку из травы, повесил ее на сук и уже затянул петлю на горле, как вдруг раздался глас с неба: «Отправляйся домой, ибо ни в этой жизни, ни в следующей, не положено тебе иметь ничего, кроме еды и одежды! Но одно твое заветное желание я исполню: проси, что хочешь!» Не задумываясь, ткач выпалил: «Дай мне кучу денег! Даже если мне суждено не тратить деньги, а лишь хранить их, все же я желаю быть богачом!»

Тогда Вершитель послал Тюфяка в город Высоких Доходов, где проживали два преуспевающих купца Накопитель и Расточитель, позволив ему понаблюдать за их манерами и выбрать себе характер любого. Целый день бродил ткач по широким улицам, с удивлением взирая на высотные здания, а под вечер позвонил у дверей Накопителя. Тот принял его вежливо, но холодно, пригласил отужинать, а на ночь провел в роскошные покои. Однако не довелось Тюфяку как следует выспаться: снова явились два мужа, споря между собой о его судьбе, а наутро ему пришлось уносить ноги из дома, ибо скряга-купец страдал от жестокой холеры. На сей раз направился ткач к Расточителю, который устроил ради него настоящий пир, щедро одарил и спать уложил. Ткач уже привычно и безропотно выслушал прения ночных посетителей, а наутро в дом явился дворецкий и принес Расточителю царские дары. Наконец-то просветлело в уме Тюфяка, и он воскликнул: «Пусть Господь сделает меня подобным Расточителю, сорящему деньгами весело и беззаботно, ибо слишком скучно и бесполезно хранить их!» Вершитель услышал его возглас и сразу дал ему кучу денег – тратить налево и направо...

Поскольку в индийском мировоззрении «сознание определяет бытие», неудивительно, что в «Панчатантре» встречается и такое напутствие: даже бедные люди должны иногда подавать милостыню тем, кто нуждается еще отчаяннее, нежели они сами. Подобное действие, с одной стороны, позволяет почувствовать себя богатым, а с другой – создает благую карму, по которой человек, в свою очередь, заслуживает даров от тех, кто богаче его самого. Таким образом, как ни парадоксально, изменить материальную ситуацию к лучшему помогает не накопление денег, а их трата. Однако к подобным действиям нужно относиться осторожно, недаром в «Панчатантре» добавляется, что следует не просто «подавать», а подавать «достойному человеку в нужное время». Пустое транжирство не приведет к желанной цели, и вы просто потеряете то, что заработали. Точно так же и принимать дары нужно очень осторожно, ибо они далеко не всегда преподносятся бескорыстно не только в материальном смысле, но и на психологическом уровне. Вот почему иногда лучше «гордо» терпеть бедность, чем воспользоваться сомнительным благодеянием, которое принесет вам неизбежные расходы в будущем. Когда и почему следует остановиться перед приобретением имущества, воздержаться от дальнейших заработков, также указано в «Панчатантре». Ведь кроме рассмотренных нами крайностей – бедности и богатства – подавляющее большинство людей довольствуется средним достатком, поддерживая свое благосостояние на одном и том же уровне.

Чувство меры
перед алтарем бережливости

Жадность и алчность – два порока, превращающие жизнь в сущий ад: жадность снедает того, кто и без того богат, а ему «все мало», тогда как алчность изводит бедных недосягаемостью желанного богатства. Жадность заставляет человека тратить силы на приобретение того, что ему вовсе не нужно, а алчность лишает его возможности спокойно пользоваться имеющимся. Если жадность знакома каждому, то примером алчности может послужить сюжет одной из историй «Панчатантры». Два шакала заметили на лугу тучного буйвола, с боков которого свисали складки жира, которые, как им казалось, вот-вот упадут на землю, и их останется только подобрать. Пятнадцать лет провели они в ожидании, истекая слюнками, но, так и не получив по лакомому куску, вернулись к поеданию мышей. Таковы «шакалы» как персонификация алчности самой по себе, а насколько далеко может зайти человек ради повышения доходов, индийцам позволяет проверить магия. С помощью волшебных предметов маг создает иллюзию обретения небольшого достатка или несметных сокровищ, и постороннему наблюдателю легко воочию узреть, на что откликается сердце человека. Очевидно, что крайности нежелательны также и в принятии условий оплаты: нет смысла надрываться за медяки, но глупо отказываться от чистого золота в надежде на несметные сокровища.

Четыре друга попросились в ученики к великому магу, и тот сотворил для каждого чудесное перо, а раздавая их перед дальней дорогой, напутствовал: «Только тот, кто велик, достигнет высочайших вершин и исполнит свое заветное желание!». С этими словами он направил их в горы, обещая, что во всяком месте, где волшебное перо упадет на землю, они обретут сокровище. Друзья пустились в путь, но совсем скоро перо их предводителя выпало. Начав копать в указанном месте, они и впрямь сразу наткнулись на клад, полный блестящих медяков. Владелец пера принялся набивать сумку, а остальные пренебрежительно заметили: «Глупец! Даже целая гора медяков не избавит тебя от бедности! Ты как хочешь, а мы пойдем дальше!» Тронулись они вперед, но совсем неподалеку перо того, кто теперь шел впереди всех, выпало. Наклонившись, они обнаружили, что песок на склоне серебряный, и снова лишь взор владельца пера остался прикованным к находке, а двое других воскликнули: «Глупец! Сначала была медь, теперь — серебро, разве не ясно, что впереди нас ждет золото?» Так оно все и вышло, но и здесь возникли разногласия, ибо выронивший перо уверял, что нет ничего, дороже золота, а сохранивший перо не унимался: «Глупец! Конечно, мне достанутся алмазы!»

Поспешив дальше в полном одиночестве, он продвигался под палящим солнцем, пока не повстречал окровавленного человека, на макушке которого в бешеном ритме вращалось колесо. Стоило искателю сокровищ обратиться к несчастному с вопросом, почему он стоит здесь, как колесо внезапно перелетело на его голову! «Что все это значит?» - вскричал он в ужасе, а страдалец с облегчением ответил: «В незапамятные времена добрался я сюда, движимый снедающей меня жадностью, и со мной случилось то же самое, что с тобой сейчас! Когда-либо, рано или поздно, явится очередной помешанный на богатстве, и ты будешь свободен!» И он поведал ему, что Бог Богатства устроил это испытание для самых преданных почитателей, даруя им нечувствительность к голоду и жажде и бессмертие, позволяющие простаивать под колесом веками в ожидании избавления от страданий, порождаемых чрезмерной жадностью.

Завысив личный «потолок доходов» вы никого не сумеете обмануть, кроме самого себя. Кроме расчетливости в делах денежных необходимо чувство меры, позволяющее вовремя остановиться в приобретении денег и начать с пользой их расходовать. Деньги нужно не только любить, но и уважать, - таков следующий урок «Панчатантры», и совсем глупо любить их страстно. Самые изощренные познания в экономике и других науках бесполезны без бережного отношения к жизни и развитой интуиции, подсказывающей, когда от обогащения лучше отказаться, чтобы сохранить здоровье и счастье. Деньги – это сила, и владение ими требует от человека равной силы: важно следить за тем, вы владеете деньгами или деньги овладели вами и управляют вашими действиями, превращая вас в послушную марионетку. Приближаясь к увеличению доходов, вы накапливаете своенравную энергию, которая может быть использована для освещения вашего мирного дома или закладки под его фундамент мощной бомбы. И если после определенной черты, за которой разумные усилия грозят перерасти в безумную жажду наживы, деньги сами не начнут накапливаться на вашем банковском счету, то лучше не настаивать на обогащении, а довольствоваться имеющимся. Источник денег может оказаться опасным и даже губительным, и при всей учености те, кто завладевает им, не всегда способны совладать с набранной им мощью. Крах их замыслов неизбежен, если они не в состоянии догадаться, что следует сохранять почтительную дистанцию. Вовремя остановиться помогают не размышления, а развитое чувство меры, своего рода сбалансированность между внутренним и внешним достатком.

Жили-были в славном городе четыре брахмана, связанных дружбой с детских лет. Трое из них овладели в совершенстве всеми науками, а четвертый так ничему и не выучился, но обладал тонкой чувствительностью. Однажды при встрече друзья решили отправиться в странствия, чтобы найти применение своим познаниям и заработать много денег. Поначалу они не хотели брать с собой невежу, но в конце концов пригласили и его, пообещав честно делиться с ним полученными доходами. Проходя через лес, они набрели на кости мертвого льва, на которых решили испробовать свои способности. Первый из них взялся восстановить скелет, второй – плоть и шкуру, а третий – дыхание жизни. Не выказывая никакого восхищения их познаниями, четвертый друг принялся возражать против того, чтобы оживлять царя зверей. Видя, что его не слушают, он попросил хотя бы подождать, пока он залезет на дерево. Спустя несколько мгновений раздался львиный рык, и трое друзей навсегда исчезли в пасти голодного хищника. Когда насытившийся лев скрылся в чаще, невежа, оставшийся в живых, слез с дерева и спокойно пошел домой.

Чувство меры подсказывает человеку также и то, что постоянный источник денег нужно тщательно оберегать, а не стараться выдавить из него все возможное, после чего он иссякнет. С благоговением относитесь к тому «божеству», которое дает вам хлеб насущный каждый божий день. Деньги – действительно «бог», точнее, один из «богов» любого пантеона, и все сознательно или бессознательно поклоняются этому «богу»… Так, в Индии уровнем благосостояния заведует богиня Лакшми, и миллионы людей совершают богослужения с подношениями, чтобы заслужить ее милость и разбогатеть. Нередко дело доходит до курьезов: многие индийцы, устанавливая в домах статуэтку Кришны, играющего на флейте, суеверно выламывают саму флейту, ибо хорошо известно, что сладкая музыка Кришны очаровывает его преданных настолько, что они запускают все мирские дела, а деньги теряют для них всякую ценность и начинают утекать сквозь пальцы. Однако кроме воли верховного божества у денег всегда имеется конкретный источник, который следует почитать, словно алтарь жизненного благополучия. Так же глупо пытаться дорого продать то, что приносит доход тебе самому, ибо вполне вероятно, что другие не найдут в нем особой выгоды. Самый простой пример: корова стоит дороже молока, но если корова дает молоко каждый день, то не следует продавать саму корову, ибо вырученные деньги быстро иссякнут, и наступят голодные времена. В «Панчатантре» приводятся более интересные истории, в которых источник доходов представлен в виде сказочного персонажа.

Бедный крестьянин принялся почитать змею, живущую в норе за деревней, как божество, охраняющее его поле. Каждый день он приносил для нее молоко, и вскоре к своему удивлению и несказанной радости он начал находить в опустевшей чашке по золотому в день. Змея выпивала молоко и исправно «платила» за него. Но вот пришлось крестьянину отлучиться ненадолго, и он наказал сыну продолжать кормить змею в его отсутствие. Не по годам смышленый мальчик решил, что в норе скрывается куча золотых, и вознамерился убить змею, чтобы завладеть сразу всем сокровищем. Однако вышло наоборот: змея укусила мальчика и скрылась, оставив семью в горе и бедности.

Старик-птицелов выследил и поймал в сети диковинную птицу: стоило ей взлететь, как ее помет при падении на землю с некоторой высоты всякий раз превращался в золото. Побоявшись, что кто-нибудь узнает об этом и донесет царю, а тот повелит его казнить, чтобы завладеть диковинной птицей, он решил опередить события и поднести ее в дар правителю. Посадив птицу в клетку и помолившись богу, крестьянин с великим трудом добился аудиенции у самого царя. Однако выслушав его «россказни», окружившие его придворные вдоволь посмеялись, ибо где это видано, чтобы птичий навоз ценился на вес золота. Свита посоветовала царю открыть дверцу и выпустить несчастную пленницу на волю, что тот и сделал. Едва птица взлетела, как на зеркальный пол дворцовой залы со звоном посыпались золотые, но было уже поздно...

Как часто человек теряет надежный источник денег по собственной оплошности!

Глава 3. Работа и безработица

В индийской традиции существует система деления общества на четыре варны: брахманы (священники и ученые), кшатрии (воины и правители), вайшьи (торговцы и владельцы), шудры (рабочие и крестьяне). Принадлежность к той или иной варне по рождению предопределяет род деятельности, и у каждого человека есть «дело жизни», которое он вынужден принимать как благословение или проклятие, однако в целом безработными становятся только бездельники. Поменять варну в пределах одной жизни почти нереально, и это объясняется не столько «недозволенностью», сколько личной кармой. Неспособность человека перестроиться вызвана тем, что он привыкает считать себя призванным к определенной роли в мире. Конечно, варновая система в форме жестких предписаний давно отменена в Индии, однако она прекрасно подходит для описания процессов социальной адаптации. В любом обществе каждого человека можно отнести к одной из варн по врожденной предрасположенности к тому или иному роду деятельности. Если вас тянет руководить людьми, значит, вы принадлежите к варне кшатриев, и никакая сила не заставит вас превратиться в кабинетного ученого, хотя он и принадлежит к более высокой варне – брахманов.

Допустим, именно работа волнует вас на данный момент больше всего. Либо вы ищите работу впервые в жизни, либо вас уволили, либо вас потянуло к перемене места, либо вас не устраивают отношения с начальством и сотрудниками, либо вас отправляют на пенсию. Достаточно очевидно, что рабочие проблемы далеко не всегда связаны с заработком, хотя он и включается обычно в число основных причин трудоустройства. Деньги можно заработать, хотя «занятость» - не единственный источник доходов; точно так же и стремление к труду, в свою очередь, не ограничивается получением заработка. Работа, по большому счету, это деятельность, то есть карма в прямом смысле слова. Не случайно в индийской культуре получила такое широкое распространение идея карма-йоги, которую еще Кришна в «Бхагавадгите» называл самым легким духовным путем, «без отрыва» от мирской жизни. Деятельность естественна для человека, ибо по природе своей он просто не может ничего не делать. Для того чтобы деятельность приносила удовлетворение и способствовала личному развитию, главным условием выступает отрешенность от результата. «Лишь на действие будь направлен, от плодов же его отвращайся», - наставляет Кришна своего возничего перед битвой, призывая не беспокоиться понапрасну об ее исходе. В целом, к карма-йоге можно отнести любой бескорыстный труд на благо всех живых существ, а не ради личного обогащения и получения почестей.

По видимости, прямо противоположную идею мы встречаем в «Панчатантре», - учебнике достижения успеха в мирских делах. Однако на самом деле здесь нет никакого противоречия, в чем нетрудно убедиться. Идеальный герой историй «Панчатантры» стремится к высокому положению и прикладывает все усилия, чтобы его добиться. Однако если присмотреться внимательнее, для него это лишь упражнение в искусстве жизни, и он действует подобно Арджуне на поле боя, который вступает в битву просто потому, что он – кшатрий, а воин должен сражаться, независимо от ожидающей его победы и поражения. И наоборот, мы находим множество поучительных историй, когда человек лишается возможности продолжать начатое дело просто потому, что это не его призвание. В самом крайнем случае, когда человек перестает быть хозяином своих поступков, а становится одержим деятельностью, очень скоро он превращается в посмешище для окружающих. «Панчатантра» как бы дополняет «Бхагавадгиту» доказательствами «от противного», а именно, снабжает нас яркими иллюстрациями того, что происходит с человеком, который не принимает идею карма-йоги, а действует своекорыстно, без учета общей ситуации. Тот, кого сладкие плоды волнуют больше садоводства, ленится поливать деревья, и в итоге он не только теряет плоды, но и оказывается за воротами тенистого сада.

Трудоустройство и первоклассный сервис

«Разве возможен первоклассный сервис, если тобой движет лишь желание набить брюхо, но не вдохновляют перспективы продвижения по службе и достижения высокого положения в обществе? Вот почему стоит вмешиваться в дела, которые поначалу тебя не касаются», - так отвечает один безработный шакал другому, и так завязывается сюжет поступления на службу. Два шакала – сыновья советника при дворе льва, праздно проводившие время в наблюдении за делами царственной особы, заметили, как лев направился к реке, хотя причины этого оставались им неясны. Оба шакала далеки от придворных кругов, но один из них загорается желанием стать советником и объясняет брату, что для этого нужно. Безработный всегда найдет применение своим способностям, если приложит необходимые усилия, а также изучит требования, удовлетворяя которым можно стать полезным для сильных мира сего. Самое главное из них – блестящая осведомленность в делах и владение секретами, благодаря которым нижестоящий способен возыметь власть над вышестоящим. Тогда служащий успешно справляется с задачей влиять на решения начальства, разумеется, в свою пользу. Высказав эти соображения, шакал решительно отправляется «устраиваться на работу».

С гордо поднятой головой приближается шакал к царским покоям и возвещает стражникам: «Прочь с дороги! Идет сын советника!» Лев принимает его с должным уважением и осведомляется о здоровье, а шакал сразу переходит к делу: «Даже тогда, когда господин не имеет нужды во мне, все же я чувствую необходимость явиться с отчетом, ибо нет ничего почетнее службы вашему величеству! Человек, владеющий искусством ведения дел и произнесения речей – подлинное сокровище для всякого повелителя. Истинный слуга не оставит своего господина в сомнениях и бедствиях, ибо он неотделим от него, как рука от тела. Даже свойства характера слуги зависят от личных качеств господина, когда они живут душа в душу, и один повелевает, а другой выполняет. Стоит вашему величеству приказать что угодно, и для меня исчезнет разница между выполнимым и невыполнимым, ведь все всегда возможно для преданного слуги!» И вот, покоренный лестью царь зверей уже готов поделиться с шакалом своими заботами и с облегчением переложить на его плечи прояснение странных явлений в лесу, слухами о которых он встревожен.

Как мы видим, шакал действует разумно, согласно современной психологии: он скрывает ото льва все свои проблемы, но выказывает полную готовность решить все проблемы самого льва. Шакал не делает и той распространенной ошибки, когда человек претендует на большее вознаграждение, объясняя это не своими незаурядными способностями к выполнению служебных задач, а бедственным положением. Напротив, шакал готов терпеть неудобства ради общего дела, которое объединяет его со львом в нечто целое. Благодаря установлению отношений «сотрудничества» даже с начальством, умный человек способен управлять ситуацией в целом, независимо от того, насколько низкое положение в обществе он занимает. Главное, он блестяще справляется со своими обязанностями. Но плохо дело, если он «не соответствует занимаемой должности» или по недоразумению принимает почести, вовсе им не заслуженные. Карьера любого, кто взялся не за свое дело, окажется незавидной и недолгой, и его ожидают порицания, понижение по службе или полная отставка. Так, однажды при строительстве дворца, когда придворный архитектор отправился обедать, на возведенные леса забрались обезьяны. Схватив рубанок, одна из них принялась вкривь и вкось строгать балку, заготовленную для возведения колонны, но сбежавшиеся рабочие побили ее камнями. Таким образом, мы снова возвращаемся к проявлениям феномена призвания, или прирожденной варны.

Обедневший горшечник запил горькую, а однажды, проходя в потемках через двор, наступил на черепок и разбил лоб при падении. Когда дела его пошли совсем плохо, он записался в царскую армию и оказался при дворе, ибо войны в то время не было. Царь, заметив шрам на лбу, принял его за великого героя и стал воздавать ему почести. Все министры завидовали горшечнику, замышляя, как от него избавиться. Как-то раз в огромном собрании придворных царь попросил своего любимца поведать историю той великой битвы, которая оставила на его лице памятную отметину. Горшечник же по простоте душевной раскрыл тайну происхождения шрама, объявив во всеуслышание, что он просто споткнулся и ушибся. К великой радости министров царь сразу повелел согнать его со двора. Как ни просил несчастный прежде испытать его мужество в настоящем сражении, царь отвечал: «Рожденный горшечником – не воин!»

Дело в том, что в последней истории испытание в битве было уже излишним, ибо горшечник проиграл решающую битву с придворными за особое положение при дворе. Не случайно к варне кшатриев относятся как воины, так и правители: человек должен быть наделен теми же самыми качествами, чтобы выиграть битву с врагами и управлять людьми, заставлять себя слушаться. Как мы увидим, даже ткач способен стать царем, если он действует с достоинством и сознанием своей избранности, что и выдает его истинную принадлежность к варне кшатриев. Однако горшечник не сражается за свое положение, не принимает каждую ситуацию в жизни как битву, а продолжает выступать в царском собрании, словно на задворках своего дома – он снова «спотыкается», только на сей раз «разбивает лоб» посильнее прежнего. Простодушие, свойственное простолюдинам, не обладает достоинством честности, а лишь выдает недостаток проницательности, неспособность к предвосхищению событий. Кроме того, горшечник пренебрегает общественным мнением, не обращая внимания на недовольство министров, а ведь оно влияет на решения царя. Невнимателен он не потому, что чувствует себя сильнее, а просто потому, что не владеет искусством «делать карьеру».

Быстрое продвижение по служебной лестнице

Но вот, наконец, вы нашли постоянную работу, заняли более или менее устойчивое положение, добившись уважения сотрудников и благосклонности начальства, и начинаете подумывать, как бы получить должность получше с окладом повыше. Вам предстоит путь возвышения, на котором у вас будет появляться все больше подчиненных, а над вами – оставаться все меньше начальников, пока вы сами не станете директором фирмы. Прежде всего вам не помешает уяснить, как вообще должны складываться отношения между начальником и подчиненным. В «Панчатантре» подчеркивается, что праведность господина и скромность слуги – основа для устойчивой рабочей атмосферы, в которой царит взаимное уважение и согласие. Повелевать – тоже работа, которую следует выполнять надлежащим образом, ни в коем случае не выказывая ни пренебрежения своими приближенными, ни личных пристрастий и симпатий. Но неразумный лев, - наш старый знакомый, - заводит дружбу с быком и проводит с ним все время, полностью позабыв о других подданных звериного царства, включая также и советника-шакала. Тогда сам шакал напоминает ему, что негоже властителю опускаться до дружбы с тем, кто в действительности относится к его «пище», и рассказывает историю об участи синего шакала.

В уединенной пещере возле города жил шакал, и однажды он настолько проголодался, что его потянуло на дым людских очагов. Так уж вышло, что на него напала стая собак, а спасаясь от них бегством, шакал забежал во двор красильщика и угодил в бадью с индиго. Стоило ему приобрести великолепный небесный цвет шерсти, как все собаки разбежались, а шакал почувствовал силу своего воздействия на окружающих. Возвратившись в лес, он без труда завоевал преданность всех зверей в лесу и провозгласил себя их царем, посланным править ими самим богом Индрой. Но недолгим было его правление: однажды он заслышал лай шакалов и принялся им подпевать, после чего звери распознали его низменную природу и свергли его в одночасье. «Посмотрите! Ведь он всего-навсего шакал!» - раздавались возгласы со всех сторон, и разъяренные от оскорбления звери растерзали несчастного в клочья.

Головокружительная карьера чаще всего оканчивается таким же стремительным падением, ибо, не пройдя всю служебную лестницу, новоиспеченный начальник плохо ориентируется в действиях своих подчиненных. Не представляя себе, как устроена подведомственная ему сфера деятельности «изнутри», директор не способен правильно распределить задания и управлять активностью служащих. Отсюда следует простой вывод, что довольно наивно сразу после института искать «работу директора фирмы», даже если богатые родители готовы купить для вас целое производство с сетью магазинов. Если же вы движетесь снизу вверх, постепенно включая в сферу внимания и деятельности все более сложные задачи, то с каждым шагом вы обретаете равновесие, чувствуете себя уверенно. Однако не следует смотреть все время только вверх и вниз, соизмеряя пройденный путь от подножия с оставшимся путем до вершины. На любом этапе продвижения вы окружены людьми, более или менее равными вам по рангу, которые в большинстве своем заняты тем же, чем и вы сами. А именно, все они пытаются двигаться вверх, тогда как по мере приближения к высоким должностям свободных мест становится все меньше и меньше. В «Панчатантре» присутствует указание и на этот случай: служителям не подобает поддаваться стремлению к соперничеству, подавляя друг друга, иначе положение преуспевающего по службе может пошатнуться из-за мести обойденных им или даже просто незаслуженно обиженных.

В городе Высоких Доходов проживал преуспевающий купец по имени Коренной Зуб, который заправлял всеми делами, и его политика устраивала горожан как нельзя лучше. Все вокруг почитали его за разумную умеренность, ведь царского приспешника люто ненавидит народ, а демократ рискует впасть в немилость при дворе, тогда как Коренной Зуб всегда находил золотую середину. Но вот пришло время выдавать дочь замуж, а на свадьбе - в присутствии самого царя - купец невзначай согнал дворцового полотера с почетного места, занятого им по ошибке. С того самого момента весь белый свет померк в глазах униженного полотера, и он задумал отомстить обидчику, во что бы то ни стало. Однажды утром он донес царю, что подсмотрел, как Коренной Зуб поцеловал царицу, а царь в слепом приступе гнева велел слугам не пускать того больше во дворец. Когда же стража преградила купцу путь перед самыми воротами, полотер насмешливо заметил: «Поосторожнее! Вы не знаете его характера: он сгонит с места и вас, как меня на свадебном пиру!» Коренной Зуб мгновенно смекнул, в чем дело, и велел послать полотеру ценные дары, чтобы испросить у него прощения. На следующее утро полотер заявил царю: «Ваше Величество, ночью я наблюдал, как вы ели огурцы, сидя но ночном горшке! Какой позор!» Царь сначала растерялся, а затем подумал, что этот малый вечно городит всякую чепуху, и зачем было слушать его сплетни о поцелуях? И он сразу послал гонца, дабы пригласить купца во дворец.

Обнаруживается поразительный факт: если вы — настоящий «кшатрий» по своей природе, то окружающие вас люди, принадлежащие к более низким варнам, оценив ваши способности, будут скорее способствовать вашему продвижению, нежели пытаться ему воспрепятствовать. Все, что от вас требуется, - соблюдение праведности, ведь простые люди нуждаются в достойном руководителе, и чаще всего они озабочены не тем, чтобы самим занять место лидера, а «выбрать», кому из претендентов отдать предпочтение. Дружеское расположение к сослуживцам никогда не повредит вам, при том условии, что вы не забываете также и о своем положении в вертикальной иерархии. Очень важно соизмерять свои действия, заранее оценивая, как они скажутся на вашем положении «по вертикали» и «по горизонтали» – в глазах выше и ниже стоящих, а также среди равных. Служебные отношения, как правило, строго регламентированы, поэтому освоить необходимые модели поведения чаще всего совсем несложно. Именно поэтому мы рассматриваем их раньше, нежели неформальные законы, по которым завоевывают друзей и одолевают врагов. Однако не нужно забывать, что последние неизбежно в какой-то мере примешиваются к первым, а иногда оказываются решающими, так что имеет смысл их учитывать. Только если вы любите свое простое занятие, повседневное исполнение несложных обязанностей, это означает, что в пределах жизни вам не нужно ничего менять, ибо «всякий хорош на своем месте».

Человек на своем месте – плюсы и минусы

Индийская теория четырех варн, влияние которой прослеживается в «Панчатантре», предлагает прекрасное объяснение тому банальному суждению, что всякий человек хорош на своем месте. Но, даже не пытаясь оценивать свою принадлежность к той или иной варне, вы вполне можете ориентироваться на собственное чувство удовлетворенности или неудовлетворенности тем, что вы делаете. Если вы заняты любимым делом, независимо от заработка, и ваша поглощенность этим занятием доставляет только радость всем окружающим, значит, ваша профессиональная реализация состоялась, и вам стоит обращать больше внимания на другие стороны жизни. Однако есть и обратная сторона медали – когда человек «на своем месте» становится неотделим от своей деятельности, целиком сводит себя к той функции, которую он выполняет. Подобная одержимость может быть вызвана вовсе не призванием, а наличием психологических проблем, когда человек «уходит с головой в работу», подобно страусу, который прячет голову в песок, оставаясь не только беззащитным, но и незрячим перед любой опасностью. Точно так же привязанность к привычному распорядку превращает уютный офис в позолоченную клетку, лишая вас всяких перспектив обрести подлинную свободу действий. Сознание может оказаться суженным настолько, что вы начнете отказываться от наилучших предложений, лишь бы ничего не менять, не трогаться с насиженного места.

Жил и трудился на окраине города бедный ткач по имени Трудяга. Как-то раз поломался у него ткацкий станок, и отправился он в лес на поиски подходящей для починки древесины. Но едва он начал рубить дерево, как в его ветвях показался призрак и вскричал: «Не тронь мой дом! Проси взамен, чего пожелаешь!» Трудяга почесал в затылке и попросил подождать, пока он сходит посоветоваться с другом и женой. Друг-цирюльник, не долго думая, выпалил: «Проси царство! Ты будешь царем, а я – министром!» Ткачу идея понравилась, но захотел услышать мнение жены, а та рассудила так: «Царствование приносит немало хлопот и опасностей, а разве ты хочешь жить среди врагов и подхалимов?

Послушай лучше меня. Тебе всегда хватает дня на то, чтобы выткать кусок полотна, доход от продажи которого покрывает все наши насущные расходы. Попроси вторую пару рук и вторую голову, чтобы в то же самое время изготавливать второй кусок полотна, и тогда у нас будут средства постепенно выбраться из бедности и зажить в почете и роскоши». «Какая ты у меня умница!» - воскликнул Трудяга и поспешил обратно в лес. Призрак превратил ткача в двухголового и четырехрукого монстра, а стоило ему войти в город, как жители приняли его за демона и забили камнями до смерти.

Итак, важно не только найти работу, удержаться на месте, добиться повышения по службе, но и вовремя отойти от дел, когда предоставляется возможность выйти на пенсию либо жить на проценты или сбережения. Человек нередко цепляется за свое место, превратившись в трудоголика и просто не представляя себе иного занятия, не мысля себя самого «праздным». Но работа важна лишь в определенный период жизни, ибо в молодости человек должен учиться, а в старости – учить других. А тот, кто родился в семье с достатком, может всецело посвятить себя любви, семье, общению, странствиям, творчеству, благотворительности, духовному развитию. Человек должен уметь работать, когда это необходимо, но он также должен знать и иные стороны жизни, для преуспеяния в которых вовсе не важно, какая у вас специальность. И если вы выучились на врача, не следует превращаться в раба врачевания, а быть свободным и открытым для всего многообразия мира. Кроме вас на земле живет множество людей, и вам понадобится множество жизней, чтобы накопить разнообразный опыт, позволяющий представить себе все грани человеческого бытия. Но ведь есть более простой способ приобщения к всеобщему – через взаимодействие с людьми, позволяющее увидеть этот мир тысячами глаз и прочувствовать его тысячами сердец. Чем больше у человека друзей, тем шире он сам как личность, тем больше он узнает из чужого опыта, не тратя время на совершение собственных ошибок.

Глава 4. Среди друзей и врагов

Наверное, всем знакомо чувство одиночества, а многие из нас страдают от него на протяжении долгих лет, не получая никакого удовольствия от богатства и власти. Дружба – одно из трех условий наслаждения жизнью наряду с настойчивой деятельностью и способностью к разумному рассуждению. Призыв «Делайте друзей!» встречается в «Панчатантре» чаще, нежели «Делайте деньги!», что вполне соответствует хорошо известной русской пословице «Не имей сто рублей, а имей сто друзей!» Вообще, более половины историй посвящены искусству общения, а именно, составившие три из пяти книг: «Потеря друзей», «Обретение друзей» и «Война ворон и сов». Однако следует сразу подчеркнуть, что речь идет не о всякой привязанности друг к другу, а лишь о настоящей дружбе. Человек должен тщательно выбирать друзей среди интеллигентных людей, главными достоинствами которых считаются способность к разумному рассуждению и правдивость. Такие друзья встречаются крайне редко, и их нужно беречь как бесценное сокровище. Только тот изведал подлинное блаженство бытия, кто проводит все свободное время в радостном общении с добрыми друзьями и уверен, что в трудную минуту он будет окружен надежной защитой и внимательной заботой. Напротив, любые попытки подружиться с людьми невежественными или порочными неизменно кончаются для незадачливого героя трагической гибелью или выставлением на посмешище. Вот почему мотив испытания дружбы на прочность пронизывает все содержание «Панчатантры».

Не откладывайте проявление дружеских чувств до «лучших времен», ведь с помощью друзей, преодолев множество трудностей, человек способен достичь самой заветной цели. Приобретайте таких друзей, которые наделены прекрасными качествами и обладают высоким уровнем благосостояния, а по мнению индийских мудрецов эти две вещи неизменно сопутствуют друг другу. Крайнее выражение эта идея получила в народной поговорке: «Лучше мучаться вместе с праведниками в аду, нежели пиршествовать с грешниками в раю». В «Панчатантре» зачастую звери, воплощающие те или иные типы характеров, упражняются в том, что они сами называют в беседах «социальной этикой». Так, когда ворона предлагает мыши свою дружбу, убедившись в ее добропорядочности, та отвечает: «Хорошо, ты завоевала мое доверие, но сначала необходимо проверить твою способность к разумным действиям!» Природные враги делятся друг с другом своей пищей, тем самым скрепляя договор о дружбе, а во время трапезы мышь объясняет основы дружеских отношений. Близкие друзья могут и должны совершать шесть действий: принимать дары и приносить ответные жертвы, выслушивать другого и рассказывать о себе, готовить угощение в своем доме и наносить ответные визиты. Никакая дружба не продлится долго, если подобные действия не доставляют обоим истинное наслаждение, и как только добровольный и чистосердечный обмен подарками прекращается, даже самая крепкая дружба постепенно приходит к неизбежному концу.

Страдание от одиночества часто отягощается недоброжелательством окружающих, а иногда и откровенной враждебностью. Если вы сталкиваетесь с чем-то подобным, то в «Панчатантре» рекомендуется прежде всего различать случайное столкновение интересов и противостояние, которое коренится в самой форме отношений. Данное отличие играет решающую роль в выборе тактики поведения со своими врагами: в первом случае следует найти способ превратить врагов в друзей, а во втором – постараться прекратить всякие контакты или готовиться к битве. Главная ошибка, которую делают многие из нас, заключается именно в смешении мотивов вражды: глупо раздувать из искры мелкой ссоры пожар мировой войны, равно как и наоборот - пытаться подружиться с непримиримым противником, лишь облегчая ему задачу подчинить вас своей власти. Случайное несогласие возникает всегда по определенному поводу, и вам достаточно разузнать причины враждебности, чтобы найти простой способ восстановить мир, слегка уступив в чем-то или объяснив свою позицию и предложив посильную помощь. Однако противостояние, укорененное в принципиальном противоречии, непримиримо, и в качестве примеров подобных отношений в «Панчатантре» приводятся такие пары: огонь и вода, боги и демоны, охотник и дичь, кошка и мыши, ученый и тупица, святой и грешник, жена и блудница. Если им суждено встретиться, гласит индийская мудрость, и один не одолеет другого сразу, они будут истощать свои силы в борьбе до самой смерти.

О мнимых друзьях: глупость или подлость?

Совершенно по-разному мы чувствуем себя, общаясь с теми или иными людьми, и само чувство нередко оказывается точным критерием для оценки степени внутренней близости. Присутствие настоящих друзей доставляет ни с чем не сравнимое переживание душевного тепла и покоя, тогда как в обществе людей, которым нельзя всецело доверять, бывает трудно даже расслабиться. Верный друг помогает решать проблемы, а мнимый друг заставляет размышлять также и над его поведением, создавая дополнительные трудности. Ненадежные друзья по большому счету бывают двух типов, которые по-простому можно назвать «подлецы» и «дураки», а стиль «Панчатантры» нередко допускает подобные вольности. Их отличает степень осознанности своих намерений: совершая подлость, человек ясно и отчетливо представляет, что он делает и чем это кончится, тогда как совершая глупость, человек исполнен благих намерений, хотя его поступки приносят одни разочарования и беды. При общем дружеском расположении к миру, доверяя незнакомцам, следует быть очень осторожными, ведь нередко под видом дружбы скрываются своекорыстные намерения. Коварство друзей – тема множества историй «Панчатантры», возвращающая нас к размышлениям о собственной безопасности. Человеку важно научиться отличать друзей истинных и мнимых не только с целью сохранения богатства, но и для решения всех насущных задач, включая спасение жизни.

На берегу озера жила старая цапля, которая подумывала, как бы ей найти легкий способ ловить рыбу, и, наконец, в ее голове созрел хитроумный замысел. Притворившись опечаленной, цапля уселась на берегу, и вскоре к ней подошел боком краб, дабы осведомиться о причинах ее печали. «Друг мой, - отвечала цапля, - как же мне не горевать, если скоро сюда придут рыболовы и переловят всю рыбу!» Слух о надвигающейся опасности быстро распространился среди обитателей озера, и рыбы взмолились: «Дядюшка! Спаси нас от верной гибели». Цапля пообещала, что она перенесет всех рыб по одной в другое озеро, глубины которого недоступны для сетей рыболовов. Все рыбы наперебой умоляли цаплю перенести их раньше остальных, и та позабыла, что такое голод. Каждый день она хватала рыбу, относила на скалу неподалеку и разделывалась с ней, так что постепенно вся скала покрылась рыбьими скелетами. Но вот приелась цапле рыба, и она решила отведать мяса краба. Подхватив своего старого друга, цапля понесла его на мрачную скалу, а по дороге велела ему готовиться к смерти. Завидев с высоты рыбье кладбище, краб, не раздумывая, вцепился всеми клешнями в шею цапли, и скоро голова ее рухнула наземь отдельно от тела.

Разумеется, оценивая качества друзей, не следует забывать и о собственных достоинствах и недостатках. Положим, нет смысла объяснять, что нет ничего хуже предательства, а вот от проявлений глупости стоит лишний раз предостеречь. Точно так же, как и в остальных делах, дружбу не так сложно завязать, как поддерживать. Непросто заработать деньги, но еще труднее их хранить; непросто найти работу, но еще труднее удержаться на ней и добиваться повышений в должности; непросто обрести друга, но еще труднее пронести эту дружбу через все жизненные испытания. Причем очень часто самым суровым испытанием оказывается скука повседневной жизни, вызывающая небрежность в обращении друг с другом. Даже при самых дружеских отношениях их нужно уметь выстраивать, то есть владеть искусством общения. Если вы завоевали чье-то расположение, то теперь перед вами встает задача не нарушать течение собственной жизни, равно как и не создавать препятствий своему новому другу. Допустим, вас пригласили в гости и ждут с нетерпением, и вы, конечно, пришли, но настолько не вовремя, что вам уже не рады, и вы не знаете, куда себя девать. Грубые речи, несвоевременные действия и лживые друзья – вот три вещи, которые хуже любых материальных потерь, ибо они способны расстроить ваши планы, лишить имеющихся достижений, а порой и поставить саму жизнь под угрозу.

На берегу лесного озера жил царь лебедей, проводивший дни в тишине и покое. Но вот он состарился, и неизбежная смерть явилась ему в образе совы. Лебедь спросил: «Кто ты и зачем прилетела на мое дерево?» - и сова ответила: «Я решила нанести тебе визит, ибо наслышана о твоих добродетелях!» Так они подружились, но спустя некоторое время сова собралась домой, пригласив лебедя навестить как-нибудь ее пещеру. Соскучившись по другу, старый лебедь прилетел к пещере, но сова не могла выйти к нему до самого вечера, ибо не терпела дневного света. Тем временем неподалеку расположился на ночлег караван, а на рассвете предводитель затрубил в раковину, призывая всех трогаться в путь. И тут сова заухала в ответ, захлопала крыльями и скрылась в глубине пещеры, а лебедь остался снаружи. Завидев редкую птицу, люди схватились за луки, и одна из пущенных стрел пронзила грудь лебедя.

Непрочность дружбы зависит не только от явной злонамеренности, когда к вам втираются в доверие, заведомо используя вас как средство для достижения своих целей. Ответственность за измену друга, как ни парадоксально, нередко ложится тяжким грузом на вашу собственную карму. Ведь часто бывает и так, что вас переоценили, а вместо бережного и мудрого обращения с другом вы начали помыкать им. В итоге, что ему остается делать, кроме как бежать от вас? И хорошо еще, если он просто развернется и уйдет! Но если вы к тому времени потеряли всякое уважение с его стороны, возможно, он тоже не будет обременять себя излишними реверансами, и вместо того, чтобы «расстаться по-хорошему», выместит на вас накопившееся раздражение. Однако еще сложнее распознать предательство, когда обретенные друзья сами взывают о помощи, рассчитывая извлечь выгоду из доказательства дружеского расположения. Тогда вы оказываетесь перед нелегким выбором – что потерять: друзей или себя самого? Вам крупно повезло, если удается найти компромисс, но случается и так, что вы оказываетесь перед выбором: или - или. Жертвенность оправдана, когда вы уверены в ценности дружбы, и необходимо поддерживать общее дело любыми силами. Но как распознать, а вдруг вашим благородством просто хотят воспользоваться, чтобы поживиться за счет вашей душевной или материальной щедрости? К тому же порой для принятия решения у вас остается совсем немного времени...

Проходя с караваном по лесу, купец потерял верблюда, а царь леса – лев обещал ему свое покровительство. Но случилось так, что его приближенные – ворона, шакал и леопард не могли поймать никакой живности, и лев изрядно проголодался. Тогда шакал предложил льву съесть верблюда, однако царь леса не желал нарушить данное им слово. Шакал же возразил: «Ты не нарушишь ни земной закон, ни небесный, если он сам принесет свое тело в жертву ради поддержания жизни своего господина и повелителя!» Лев согласился, и шакал собрал всех приближенных, чтобы объявить о бедственном положении, в котором может оказаться все звериное царство после смерти властителя и защитника. И он первым вызвался пожертвовать жизнью ради спасения государя, но лев, конечно, отклонил его благородный порыв. Затем ворона и леопард в самых изысканных выражениях умоляли льва поддержать свои силы, подкрепившись их плотью, но тот не тронул и их. Наконец, верблюд подумал: «Все это игра в благородство, в которой я тоже должен проявить себя достойно!» Стоило верблюду предложить себя в жертву, как лев одним ударом свалил его наземь, а насытившись, отдал остатки шакалу, вороне и леопарду.

Доверие – основа дружбы, и тесные взаимоотношения создают особый вид кармы, которая может передаваться от одного к другому в зависимости от ситуации. В случае настоящей дружбы это совершенно естественно и закономерно, а во внешнем проявлении носит хорошо знакомое название «взаимовыручки»: друзья вместе решают личные проблемы, и каждый время от времени отодвигает свои собственные задачи на второй план, справедливо полагая, что вскоре вернется к их выполнению вместе с другом. И в таком постоянном соучастии в делах друг друга становятся немаловажны глубинные свойства характера, которые едва ли проявятся при простом совместном чаепитии. Здесь черно-белое восприятие реальности – друг или недруг – начинает окрашиваться и переливаться тонкими оттенками. Кроме явного вероломства, другая опасность дружбы таится в качествах самих друзей: если слабость – не порок, то верный, но глупый друг тоже может стать источником гибели. Неудивительно, что, подчеркивая необходимость разумного отношения к жизни, отдавая должное развитию способности суждения, следует правильно оценивать эти качества и в другом человеке. Доверяя первому встречному, человек становится уязвимым, если его выбор друга оказался поспешным и необдуманным. «Не води дружбу с дураком!» – такова мораль многих историй «Панчатантры», ведь даже если вы сами все делаете правильно, ваш глупый друг рано или поздно все испортит. И хорошо еще, если вы успеете вовремя расстаться, и его действия не приведут к совершенно необратимым последствиям.

В некотором царстве могущественный правитель привязался сердцем к забавной обезьяне до такой степени, что даже сделал ее своим оруженосцем. Весь двор должен был оказывать обезьяне почести, как особе, наиболее приближенной к Его Величеству. Однажды, направляясь в покои к царице, дабы предаться любовным утехам, царь поставил обезьяну на стражу у дверей и повелев следить, чтобы никто не нарушил их покой и уединение. После страстных вздохов в покоях наступила такая глубокая тишина, что стало слышно, как муха пролетит. Охраняя царский сон, обезьяна пристально всматривалась в полумрак, готовая пресечь любое вторжение. И вот в воздухе раздалось жужжание пчелы, которая покружила над ложем и села прямо царю на лоб. Возмущенная такой бесцеремонностью, обезьяна в гневе замахнулась мечом и с завидной меткостью разрубила насекомое пополам, раскроив череп самому царю. В ужасе вскочила царица с брачного ложа, возопив на весь дворец: «Глупая обезьяна! Глупая обезьяна!»

Как бы ни складывались ваши отношения с друзьями, важно не забывать, что они также подчинены действию законов перевоплощения и кармы и подвержены влиянию майи. В индийской культуре понятие кармы носило преимущественно личный характер, за исключением таких случаев, как «вечный спутник» божественного воплощения. Специалисты в области современной эзотерической науки «кармологии» утверждают, что все люди, связанные глубокими отношениями, даже перевоплощаются «группами». Вот почему возникновение чувств и развитие событий порой кажется странным и необъяснимым, ведь причины, заставляющие нас держаться вместе, коренятся в обстоятельствах многих жизней. Когда же мы совершаем совместные действия, которые ведут к определенным последствиям, нам предстоит вместе их «вкушать» или «расхлебывать». И, наконец, удостоверение в том, настоящая ли это дружба или мнимая, выступает показателем степени реальности нашего существования в мире.

Перед лицом могущественного противника

Несравненно лучше противостоять могущественному противнику, не скрывающему своей враждебности, нежели зависеть от коварства или глупости друзей. В начале третьей книги «Панчатантры» царь ворон, подданные которого стали слишком часто попадать в когти сов, собирает совет, чтобы решить, как ему лучше действовать. Советники один за другим высказывают свои мнения, и царь усваивает, что перед лицом угрозы существует шесть тактик поведения: поддержание мира, объявление войны, смена места расположения, строительство укреплений, создание альянса, двуличие в дипломатии. Каждая из них хороша в тех или иных обстоятельствах, которые нужно уметь учитывать для выбора образа действий. Именно это суждение высказывает последний советник, перед которым с почтением склоняется царь, как перед светилом «социальной этики». Конечно, все эти рекомендации даются для ведения государственных дел, однако приводимые истории всегда касаются личной вражды. Очевидным образом здесь проводится такая же параллель между государством и человеком, которая известна и в западной социологии со времен Платона. Таким образом, каждую тактику можно воспринимать как метафору, и если речь идет о строительстве укреплений, то следует не понимать это буквально и превращать дом в крепость, а просто принять некие меры защиты, включая психологические и энергетические.

Поддержание мира. По принципу «худой мир лучше доброй ссоры», всегда лучше поддерживать мир, независимо от того, сильнее или слабее ваш противник, не говоря уже о тех, кто равен вам по могуществу. «Единство – сила!» - провозглашается в «Панчатантре»: установление мира, позволяющее действовать с общих позиций, только прибавляет вам устойчивости. Особенно если вы сильны, никто не проявляет враждебности по отношению к вам, нет явной необходимости защищаться, то желательно устанавливать дружеские отношения со всеми вокруг, независимо от того, будут ваши друзья сильными или слабыми. Не следует высокомерно пренебрегать окружающими, пусть вы и не предполагаете в данный момент никакой выгоды в союзе с теми, кто зависит от вашей милости. Если же вы слабы, то, видя перед собой могучего врага, которого все равно не одолеть, самое разумное – смириться на время, принять его условия и обрести покровительство. Тогда противник сам начнет заботиться о преуспеянии своего нового подданного, способствовать его процветанию, защищая от любых других нападений, а иногда и обращаясь за помощью. Ведь в минуту опасности даже слабые, если их сплотило общее дело, превращаются в могучую силу: например, мышиное племя способно освободить из плена стадо слонов.

В заброшенном людьми селении на берегу озера расплодились мыши, беззаботно проводя время в пирах и забавах. Но вот к озеру пришло стадо слонов, которые не глядя растоптали мышиное царство, погубив тысячи несчастных. Тогда уцелевшие после нашествия мыши перебрались к другому озеру, но предусмотрительно послали гонца к царю слонов, умоляя его не ходить на водопой через их новое поселение. Старый слон подумал, стоит ли обращать внимание на мышиный писк, но в конце концов решил благоразумно выполнить просьбу. Вскоре после договора о дружбе между народами, появились охотники за слонами, которые повязали все стадо прочными веревками и приковали слонов к могучим деревьям в джунглях. Тогда царь слонов послал гонца к своим новым друзьям, и мыши поспешили на помощь. Всего за одну ночь они перегрызли все веревки, освободив слонов из плена, и охотники остались ни с чем.

Объявление войны. Заключение мира бесполезно и даже губительно, когда ясно, что враг не обладает благородством, а напротив, готов проявить жестокость, жадность, беспринципность. Какие бы мирные соглашения вы ни заключали, можете быть уверены, что рано или поздно противник нарушит все обещания и нападет на вас в самый неожиданный момент, когда вы потеряете бдительность, будучи слишком ослаблены или заняты. В таком случае, осознавая все последствия нерешительности и промедления, следует переходить в наступление и сражаться до последнего. Ведь даже малыми силами можно разбить могучего врага, если действовать быстро и решительно, застигнув его врасплох и используя стремительную и отлаженную тактику. С другой стороны, если вы сильны, не следует помыкать слабыми в расчете на то, что они ничего не смогут сделать против вас, надеясь на их терпение и безответность. Не только сильные мира сего влияют на вашу судьбу, но и те, кого вы привыкли не замечать, пока неожиданно ваши необдуманные поступки не оборачиваются необходимостью расплачиваться за содеянное. Как бы вы ни были сильны, если вы начинаете проявлять жестокость, будьте готовы, что доселе слабые подданные восстанут против вас и вполне могут одолеть. Даже могучий слон и бушующий океан оказываются побеждены малой пичужкой, если на ее защиту встают верные друзья.

Пара мелких пташек – зуйков – свила гнездо прямо на берегу океана. Разбушевавшийся океан смыл волнами отложенные яйца и унес в глубину. Очень горевали родители, день и ночь размышляя, как победить океан и вернуть детей. Наконец, жена догадалась: «Если все птицы побьют океан своими крыльями, мы победим!» – и она рассказала мужу историю о том, как воробей одолел слона с помощью комара, дятла и лягушки. Муж согласился и поведал сородичам о своем горе. Все птицы слетелись и принялись колотить по воде крылышками, но океан даже не поморщился. Тогда одна из птиц догадалась: «Давайте спросим совета у старого гусака, умудренного опытом!» Так они и сделали, и гусак сказал: «Царь птиц – Гаруда, а он близок к богу Вишне. Обратитесь с прошением к царю, и вам будет дарована божья милость». И действительно, птицы пожаловались своему царю, Гаруда испросил вмешательства бога, а Вишну повелел океану вернуть паре зуйков унесенные яйца.

Смена места расположения. Когда очевидно, что мир приведет к жестокому порабощению, а война заведомо окончится поражением, самый лучший выход – бегство, если оно, конечно, вообще возможно. Положим, нельзя скрыться из виду противника, тогда можно, по крайней мере, использовать тактику отступления от собственных границ вглубь страны, перенести важные объекты под прикрытие малозначимых. Отступление позволяет сохранить силы и подготовиться к обороне или переходу в наступление, сбить с толку и запутать врага, заставив его гадать о реальных причинах вашего исчезновения и планах на будущее. Главное преимущество, которое дает отступление, - это возможность выиграть время, выждать, отсрочить решающее сражение или переговоры. Когда вы не знаете, что предпочтительнее – война или мир – лучше всего отступить и затаиться, выжидая развития событий и подготавливаясь к разумным действиям. Так, при напряженной обстановке на работе иногда самый верный выход – взять отпуск за свой счет, а при размолвках в семье – просто уехать на дачу, не пытаясь выяснять отношения. Однако этот прием далеко не всегда срабатывает в вашу пользу, и среди всех рекомендаций советников бегство представляется самым проигрышным вариантом, к которому следует прибегать в критической ситуации. Ведь именно ваше присутствие создает проблему, и если обстановка разрядится, при возвращении вам все равно придется налаживать отношения.

Случилось так, что одну лягушку невзлюбили сородичи и преследовали ее до тех пор, пока не выжили из колодца. Оказавшись в столь бедственном положении, беглянка задумала отомстить обидчикам. Подружившись со змеей, лягушка уговорила ее спуститься в колодец и «очистить» его от врагов, пощадив ее собственную семью. Однако, переев всех врагов и испытывая новые муки голода, змея, разумеется, перешла к поеданию родственников своей подруги, пока они не остались в колодце один на один. Желая избежать верной гибели, лягушка пообещала, выбравшись из колодца, посылать в него других лягушек, чтобы поддерживать силы змеи. Но стоило лягушке живой и невредимой выбраться из колодца, как она ускакала без оглядки...

Подготовка к обороне. Кроме указанных недостатков бегство может вызвать панику в стане ваших друзей и вдохновение у сторонников вашего врага. Далее, отступление нередко еще больше ослабляет, ведь «дома стены помогают», и на привычном месте расстановка сил всегда успешнее. Имея прочную базу на своей территории, можно победить даже более сильного врага, тогда как перебравшись в незнакомые места, легко стать жертвой хитрости. Вот почему другой советник настаивает, что лучше оставаться на прежнем месте, но возвести вокруг прочные укрепления и создать запасы всего необходимого, готовясь к длительной осаде. Речь идет прежде всего о «закрытом» поведении, сохранении дистанции, сдержанности при разговорах, отсутствии эмоциональных реакций, то есть вы остаетесь «замкнуты в себе», а порой желательно поменьше выходить из дома. Как говорится в шутливом стишке из «Панчатантры», крокодил в родной водной стихии способен одолеть слона, тогда как на берегу его и собаки загрызут. Даже если враг пробрался в ваш собственный дом, вам проще справиться с ним или избежать встречи, нежели снаружи, ведь вы намного лучше него знаете атмосферу своего жилища.

Голодный лев, отправившись на поиски добычи, набрел в лесу на огромную пещеру и решил спрятаться внутри, чтобы подкараулить хозяина и схватить его, когда он вернется. Вскоре на пороге показался обитавший в пещере шакал и залаял: «Пещера, ау! Ау!» Не услышав привычного эхо, после непродолжительного молчания, вслушиваясь в тишину в глубине пещеры, он произнес: «Что же ты не отзываешься, как мы договаривались? Тогда я пойду в другую пещеру, которая отзовется на мое приветствие!» Лев подумал, что пещера испугалась его присутствия и не смеет произнести ни слова в ответ, и решил отозваться сам. Но стоило льву зарычать, как эхо усилило его рык в десятки раз, оглушив его самого и распугав зверей во всем лесу. Шакал тоже поспешил прочь, приговаривая по дороге: «Сколько живу, никогда не слышал, чтобы пещера сама заговорила!»

Образование союза. В большинстве случаев превращение дома в крепость просто оттягивает кровавую развязку, к тому же изолируя вас от вероятного поступления помощи. Гораздо лучше не «закрываться», а «открываться», то есть постараться заключить союз с соседями, чтобы сплотить силы перед лицом противника. Неважно, насколько малы дружественные силы, ведь когда они складываются в единую мощь, их становится достаточно для борьбы с самым сильным и свирепым врагом. Здесь мы снова, по сути, возвращаемся к прославлению дружбы, противопоставляя ее вражде и подчеркивая взаимную выгоду в соединении усилий. Даже лесной пожар, который кажется всепожирающим, потухнет, если затихнет ветер, вдувающий в него силу и перебрасывающий пламя с дерева на дерево. Вот почему следующий советник рекомендует не спасаться бегством, но и не строить крепость, а объединиться с соседними царствами, чтобы вместе представлять грозную силу, превышающую мощь противника. Тогда, вполне вероятно, враг устрашится, и никакие военные действия просто не понадобятся, а если все-таки придется перейти в наступление, то можно не сомневаться в легкой победе. Причем в совместных планах важно не столько создать количественный перевес, сколько правильно распределить роли союзников.

Семейство воробьев свило гнездо в ветвях дерева, но вскоре по лесу пробежал дикий слон и повалил дерево, разметав гнездо в клочья, так что все птенцы погибли. Воробьи сидели среди поломанных ветвей, нахохлившись, а их перья намокли от слез и слиплись. Пролетавший мимо дятел осведомился о причинах их горя, и воробьи попросили его помочь отомстить слону. Тот не стал отказываться, но предложил позвать на помощь своего друга – комара. Когда воробей познакомился с комаром, тот, в свою очередь, попросил пригласить и своего друга –

лягушку. Собравшись все вместе, они придумали хитрый план и осуществили его в точности. Комар забрался в ухо слону, и, заслушавшись его монотонного гудения, слон прикрыл веки. Тогда дятел подлетел и выклевал слону глаза, и тот совершенно ослеп. Настал полдень, и слона одолела жажда. Усевшись на краю пропасти, лягушка принялась громко квакать, и слон побежал в ее сторону, рассчитывая найти там воду, но свалился вниз и разбился.

Двуличная дипломатия. Что же остается делать, когда ни одно из названных средств не применимо? Приходится выбирать подрывную тактику, скрывая от врага свои планы, засылая в его стан разведчиков, перетягивая на свою сторону его подданных. Это самый сложный путь, на котором нередко приходится поступаться моральными принципами, но когда в нем заключается единственное спасение, его следует считать приемлемым. Для успешного проведения двуличной дипломатии нужно следить не только за раздвоенностью в собственном поведении, но и изучать противника, будучи осведомленным о расстановке его сил и находя уязвимые места в его обороне. Каким образом можно получить все необходимые сведения? Советник отвечает стихами: «Корова распознает вещи по запаху, брахман получает знание из священных писаний, царь располагает данными из докладов министров, а остальные люди видят все своими глазами!» Интересно отметить, что для обозначения «царского» источника информации в американском переводе «Панчатантры» используется аббревиатура, которая расшифровывается как «особый персонал по внедрению и донесению» (Special Personnel Insertion & Extraction). Лазутчики собирают в тылу врага сведения о должностных лицах противника, от действий которых напрямую зависит непобедимость вражеской армии, и если их удается вывести из строя, битву можно считать выигранной. Однако до поры до времени, совершая подрывные действия в логове врага, следует запастись терпением и выждать.

Возле пруда жила черная змея, которая совсем состарилась и уже не могла больше ловить лягушек. Не желая помереть голодной смертью, змея в глубоком раздумье свилась на берегу, и, завидев ее неподвижность, одна из лягушек прискакала, чтобы узнать о причинах столь необычного поведения. Тогда змея поведала ей свою печаль: «Недавно пришел искупаться в пруду сын брахмана, а я укусила его за палец на ноге, и он скончался на месте. Когда об этом узнал его отец – брахман, он наложил на меня проклятие, повелев в наказание всю оставшуюся жизнь возить на спине лягушек... Так что теперь я в вашем распоряжении в качестве транспортного средства!» Весть об этом облетела весь пруд, и сам царь лягушек со свитой явился, чтобы опробовать необычную колесницу. Однако, когда лягушки расселись на спине змеи, она еле ползла, поминутно останавливаясь, чтобы отдышаться. Тогда царь осведомился, почему она не ползет быстрее, и змея ответила: «Ваше Величество! Я совсем ослабела от голода, но если Вы прикажете своим подданным подкрепить мои силы, я буду скользить, подобно молнии, едва касаясь земли!» Царь высказал свое повеление, и змея принялась поедать безропотных лягушек вволю, пока не насытилась и воспряла духом. Но тут на сцене появилась вторая змея и с изумлением обратилась к первой: «Зачем ты возишь на себе лягушек вместо того, чтобы питаться ими?» – и та ответила: «Я просто выжидаю подходящего момента...»

Битвы в мирской жизни практически неизбежны, ибо майя привносит в мир двойственность, а значит, и противостояние сил. Однако стремлением к победе не стоит увлекаться, ибо в мироздании всякая победа приносит поражение другой стороне, после чего необходимо восстановить равновесие, и в недрах причинно-следственного «накопителя кармы» начинает назревать новое сражение. Вот откуда возникает и евангельская заповедь не отвечать ударом на удар, а подставлять вторую щеку. Как ни странно, это христианское правило, предназначенное для того, чтобы превращать людей в святых, коренится в принципе отработки личной кармы. Только остановив цепную реакцию насилия, можно самому выйти из колеса перевоплощений. Но пока вы проходите школу мирской жизни, обучаясь добиваться успеха и стремясь реализоваться как личность, вам придется пользоваться техниками, позволяющими выигрывать битвы. Просто не забывайте о карма-йоге и, подобно Арджуне в «Бхагавадгите», сражайтесь в полную силу, не беспокоясь о собственной участи, коль скоро все ваши враги уже погублены Господом в вечности.

За вашей спиной: друзья друзей, враги врагов

Мирская жизнь осложняется тем, что кроме ваших собственных отношений с людьми, будут ли они дружескими или враждебными, окружающие вас люди тоже находятся в самых разнообразных взаимодействиях между собой. И если вам трудно контролировать даже прямые связи, то гораздо сложнее учитывать посторонние влияния на ваших друзей и врагов, о которых вы можете только догадываться. В большинстве таких случаев ситуацию трудно просчитать, и при взгляде со стороны она разрешается как бы сама собой, хотя и в результате созданной вами же обстановки. Так, иногда удается избежать верной гибели, если на вас нападают сразу два противника, когда враждебные силы сталкиваются между собой. Вам остается лишь вовремя отойти в сторону, подождать, пока они схватятся и обессилят в борьбе, а затем неожиданно напасть и одолеть обоих. Однако нечто подобное произойдет только при условии, что вы действительно не заслуживаете по своей прежней карме никакого насилия, тогда как оба ваших противников ожидает мгновенная расплата за дурные намерения, обусловленные подобными же действиями в прошлом. Если чудесное спасение не случается само собой, однако вы ориентируетесь в ситуации и верно схватываете суть происходящего, то принцип «разделяй и властвуй» можно применять вполне сознательно, ослабляя противников путем противопоставления их друг другу.

Бедный брахман, живший на подаяние, постепенно разбогател от щедрых подношений и купил двух телят. Вскормив их обильными пожертвованиями молока и масла, он стал владельцем двух крупных упитанных коров. Однажды ночью в дом прокрался вор, намереваясь увести коров, но натолкнулся в темноте на странную фигуру. «Ты кто?» – спросил он и услышал в ответ: «Я призрак, питающийся людской кровью, и явился сюда под покровом темноты, чтобы высосать жизнь из брахмана». Тогда вор принялся просить призрака не есть брахмана, пока он не украдет коров, иначе сбегутся люди и помешают исполнению его замысла. Однако призрак заявил, что шум от кражи может разбудить самого брахмана, и тогда ему не удастся одолеть его. Так они заспорили, и каждый кричал все громче и громче: «Сначала я! Сначала я!» Брахман проснулся и пожелал знать, в чем дело, и они принялись указывать один на другого: «Этот призрак намерен лишить тебя жизни!» – «А этот вор собрался увести твоих коров!» Брахман сначала взмолился богу и обрел надежную защиту от призрака, а затем побил вора и спас коров, после чего пошел спать спокойно.

Даже если представить только самые простые из всех возможных посторонних влияний на ваше окружение, в них нетрудно запутаться: друзья друзей, враги друзей, друзья врагов, враги врагов, - а ведь это лишь самые очевидные и незамысловатые связи. Кроме того, люди ведь непрерывно взаимодействуют друг с другом, а значит, отношения между ними постоянно меняются, так что за ними нелегко уследить. Тем не менее, пожалуй, трудно придумать такие комбинации во взаимоотношениях и хитросплетения интересов, которые не были бы подробно изложены или хотя бы затронуты в «Панчатантре» с приведением надлежащих выводов и пояснений. Как известно, не следует встревать между дерущимися, а также глупо обращаться с просьбой рассудить вас к общему врагу. В одной истории шакал, жадный до крови, принялся лакать из лужи между бьющимися оленями, не дожидаясь исхода битвы, и, конечно, был забит насмерть. В другой истории кролик и куропатка не поделили жилище и вместе отправились к «мудрому» коту за советом, а тот, как нетрудно догадаться, съел их обоих. Так же не всегда разумно сводить вместе друзей, с которыми вас связывают разные интересы, ибо они могут повздорить между собой, и вы неожиданно окажетесь между враждующими силами. И наоборот, иногда не следует неосмотрительно принимать друзей своего друга, даже если он пытается вас познакомить, ведь на их стороне может скрываться коварство.

Горшечник повстречал в лесу льва, и тот собрался было его съесть, но в обмен на дарованную жизнь горшечник пообещал каждый день угощать его обильным обедом. Каждый день лев приходил к нему домой, наедался до отвала и возвращался в лес все более и более упитанным. Заметив, как растолстел их повелитель, подданные льва – шакал и ворона – принялись просить, чтобы тот убил горшечника, и они могли бы поживиться его мясом. Тогда лев ответил, что он не может нарушить свое обещание сохранить жизнь горшечника, но, поразмыслив, нашел компромисс и просто взял их с собой, обещая разделить с ними обед. Однако, завидев издали приближающуюся процессию, умный горшечник сразу забрался на дерево и крикнул льву сверху: «Не нравятся мне твои друзья!»

Итак, для преуспеяния недостаточно правильно вести себя со своими друзьями и врагами, а нужно всегда учитывать возможные отношения, которые могут сложиться между ними. Более того, помимо определенности, которая придается этим взаимодействиям, они могут быть сильными или слабыми, длительными или краткими и т.п. Психология «Панчатантры» настолько утонченная, что бесполезно и пытаться исчерпать ее внешними истолкованиями. Дружба и вражда, подобно ключевой паре противоположностей в человеческой жизни, неизменно сопутствуют развитию любого сюжета, даже если ядро его составляет погоня за деньгами или поиски невесты. Это не удивительно, ведь все действия, которые человек совершает в мире, он совершает среди людей, которые воспринимают их свойственным им образом. Исход любого намерения зависит от того, как посмотрят на него посторонние люди, незаинтересованные доселе в его осуществлении – начнут содействовать или препятствовать его выполнению. Пока вы ничего не делаете, никому нет до вас дела, но стоит вам только пошевелиться, как все вокруг вас мгновенно делятся на два лагеря – друзей и врагов, а вы сами превращаетесь в военачальника на поле битвы. Но ведь «один в поле – не воин», поэтому в «Панчатантре» снова и снова повторяется, словно заклинание, настоятельное увещевание: «Делайте друзей!»

Глава 5. Любовь, семья, измена

Прежде чем искать в «Панчатантре» рецептов, как обрести «вечную любовь» или удовлетворить страсть, следует обратить внимание, какое место в обществе занимала в те далекие времена семья - храм любви земной. Традиционно в жизни индийцев выделялось четыре этапа: брахмачарин (ученик), грихастха (домохозяин), ванапрастха (отшельник), санньясин (странник). Все наставления «Панчатантры» относятся ко второму периоду – домохозяина, который непременно должен был обзавестись женой и детьми. Только этот ограниченный срок, хотя и обязательно (за редкими исключениями), специально отводился для преуспеяния в мирской жизни, а продолжался он примерно с 20 до 50 лет. Ранее человек был погружен в обучение и соблюдал строгую дисциплину, а позже он оставлял земные заботы и всецело предавался духовной практике. Таким образом, семья оказывается центром, вокруг которого выстраиваются все остальные стороны человеческой жизни, и ей придается огромное значение. Вот почему в Индии так высоко развита культура брачной жизни, что даже в наше время развод – дело редкостное, и практически отсутствует идеал «свободной любви», зародившийся на Западе с древнейших времен и достигший настоящего расцвета. В «Панчатантре» же акценты расставлены однозначно: любовь в браке - высочайшая добродетель, а измена - самый низменный порок. Возникает закономерный вопрос, каким образом практически в то же самое время могла создаваться столь созвучная западным эротическим настроениям «Кама-сутра»?

Дело в том, что кама (наслаждение) относится к четырем целям человеческой жизни, причем три из них осуществляются именно в период семейной жизни. А именно, в текущем воплощении человек должен сначала реализоваться в мирской жизни, удовлетворив свое стремление к наслаждению (кама) и благосостоянию (артха), исполнив свой профессиональный и общественный долг (дхарма). Оставив мирскую жизнь, к которой он теряет всякий интерес, человек устремляется к последней цели

– освобождению (мокша), но этот предмет выходит за рамки рассмотрения «Панчатантры». Мы уже подробно остановились на двух целях жизни: деньгах (артха), работе и дружбе (дхарма), которые относятся к внешним проявлениям активности, и нам остается обратиться к интимной жизни человека – наслаждению семейным счастьем. Супружество должно доставить человеку всю полному наслаждения, душевного и физического, а техническая изощренность «Кама-сутры» служит последней цели как нельзя лучше, разумеется, если речь идет о супружеском ложе. В «Панчатантре» порицается животная страсть, толкающая на измену, а редкие эротические сцены принимают пародийный характер, если они касаются отношений любовников, а не законных супругов. Если мы посмотрим на систему четырех целей жизни беспристрастно, без западного снобизма на почве свободомыслия, то приходится признать, что она действенна до сих пор, несмотря на формальную отмену, как мы уже наблюдали это в случае с системой четырех варн.

Браки заключаются на небесах! Теперь понятен глубинный смысл этой идеи, пронизывающей все сюжеты «Панчатантры», посвященные скреплению союза двух сердец. Ведь только такой брак доставит человеку реальную возможность достичь высшего «райского» наслаждения, в полной мере осуществить такую цель, как кама. В индийской традиции свадьбы справляются после тщательного изучения гороскопов жениха и невесты, в которых запечатлены основные черты их личного сходства и кармической предопределенности соединения их судеб. Однако выбор жениха зависит также от склонностей невесты, и во время обряда *упанаяна* она имеет законное право отвергнуть достойнейших и остановить взор на невзрачном, но милом ее сердцу поклоннике. И наоборот, бедный незнатный юноша, загоревшись любовью к принцессе, способен добиться ее руки, и боги готовы помочь ему в трудную минуту. Как бы ни претил свободомыслящим современным людям идеал брака, во всем мире существуют только двое, действительно созданных друг для друга, и если им довелось встретиться, то ничто уже не может разлучить их. Все остальные связи способны принести некоторое удовлетворение, но никогда не доставят блаженства подлинного слияния, когда один находит в другом продолжение самого себя.

От сердечной склонности к брачным узам

В брак вступают однажды и навсегда! Такова истина «Панчатантры», которая станет благословением или проклятием для тех, кто решил связать свои судьбы воедино. Современному человеку трудно смириться с подобной однозначностью просто потому, что ныне повсеместно распространен обычай заключать брак по минутной прихоти, и наоборот, не придавать значения оформлению действительно глубоких и серьезных отношений. Конечно, в западном мире редко встречаются безошибочные браки, а идеал «вечности» брака относится только к подлинной любви. И если посмотреть на незыблемость «супружеской верности» с такой точки зрения, то неудивительно, что измена предстает как самое уродливое и непростительное проявление низости душевной. Не случайно в «Панчатантре» измена чаще всего карается смертью или жестокими увечьями. Даже если супруги стремятся обойти божественный закон вечного единства мужа и жены, им суждено столкнуться с суровой действенностью. Нарушение брачных уз приводит к страданию столь же естественно, сколь причиняет боль расчленение тела. Тщетно тешить себя иллюзией, что можно сходиться и расходиться, ибо в реальности есть только двое, созданных друг для друга, и вступление в брак избавляет их от иллюзии двойственности.

На берегу священной реки Ганги стояла уединенная обитель, где коротали дни бездетные супруги-брахманы. Как-то раз муж отправился совершать омовение, а по возвращении нашел в складках сброшенной одежды мышиного детеныша. Проведя ритуал очищения, при помощи магической силы мантры он превратил мышонка в новорожденную девочку и принес домой. Жена приняла ее как родную дочь, она выросла в благочестии и послушании, но вот настало время выдавать ее замуж. Отец-брахман, наделенный властью над низшими божествами солнца, облаков, ветра и гор, обратился к дочери: «Дитя мое, коли ты пожелаешь, я выдам тебя замуж за бога солнца!» Девушка сощурила глаза и ответила: «Не нравится мне, как оно жжется... Найди для меня кого-нибудь, кто защитил бы меня от его лучей!» Тогда отец предложил ей обвенчаться с богом туч, способным застить солнце и даровать прохладу, но девушке и он показался не мил: «Какой-то он серый и мрачный... Я предпочла бы того, кто обладает силой разогнать тучи!» Терпеливый отец посоветовал ей вступить в брак с богом ветра, но тот показался ей слишком холодным. Тогда отец обратил ее взор на бога гор, способного заслонить ее от ветра, но она снова заупрямилась: «Горы совсем неподвижные, как с ними жить? Есть ли кто-нибудь сильнее?» Отец глубоко вздохнул и неохотно ответил: «Даже в самой огромной горе мышь может прорыть свою норку»... И тут девушка внезапно оживилась и воскликнула: «Вот и славно! Преврати меня в мышь, и я стану счастливой супругой самого могущественного бога!» Ничего не оставалось делать брахману, как вернуть дочери ее прежний облик, ибо в сотворенном силой заклинаний человеческом теле по-прежнему обитала мышиная душонка.

Убедившись в очередной раз, что воистину «любовь зла», обратимся теперь к ее прекрасной стороне. Как самое яркое проявление сущности человека, любовь не только раскрывает его внутренние достоинства, но и выступает обетованием возвышения души в ближайшем будущем. Даже простой смертный, исполнившись силы любви и почувствовавший в себе могущество царя богов, способен привлечь к себе взор с небес и воспринять божественное вдохновение свыше. Любовь превращает человека в бога, возводит его из разряда простых смертных в царский сан. Поскольку любовь существует между двумя людьми, связывая их воедино, то в случае «неравного брака» - не по возрасту или богатству, а по высоте духа, - она служит к возвышению одного или падению другого. А как именно будут развиваться события, зависит от чистоты и истинности самой любви. Союз сердец, основанный на взаимном чувстве, это и есть «брак на небесах», который рано или поздно непременно будет узаконен и признан всеми людьми, вопреки любым препятствиям.

В городе Сладкой Жизни повстречал молодой ткач принцессу Любовь и воспылал страстью, иссушившей его сердце. Друг ткача заметил его страдания и сказал: «Не унывай, я могу смастерить механического орла Гаруду, на котором ты словно Вишну взлетишь на балкон принцессы, и она примет тебя, как самого бога!» Так они и сделали. Следующей ночью ткач даровал трепещущей от счастья принцессе свою божественную милость быть его супругой и вступил с ней в «брак на небесах». Каждую ночь прилетал он балкон, наслаждался блаженством любви, от которого страсть разгоралась все сильнее, а утром незаметно покидал дворец. Но стража проведала о ночных посещениях и доложила царю, что его дочь встречается с мужчиной, позоря род. Разгневанный отец был готов выгнать дочь из дома, но гнев его остыл, как только она призналась, что стала избранницей самого Вишну. Исполненный гордости за знак божественного благоволения, царь не препятствовал их связи.

Время летело, ткач пребывал в блаженном забытьи, но вот царь обратился к нему за помощью, когда соседнее царство объявило войну и послало к стенам столицы могучее войско. «Какие пустяки! Я с ними запросто разделаюсь!» – пообещал ткач возлюбленной, однако впервые сердце его заполонила не страсть, а страх. Поразмыслив и придя к печальному выводу, что его ждет неминуемая гибель в обоих случаях, примет он сражение или нет, ткач выбрал умереть в бою. Но стоило ему принять такое решение, как на небесах встрепенулся настоящий Вишну, ведь он-то понимал, что как только ткач проиграет битву, вера народа пошатнется, а его храмы придут в запустение. При первых же звуках боевой трубы Вишну вдохнул все свои силы в тело ткача, и тот принялся громить противников, словно развеивая по ветру соломенную труху. С великими почестями вернулся ткач победителем в столицу, где прожил счастливо всю оставшуюся жизнь со своей законной женой.

Единожды и навсегда делаются три вещи: царь произносит повеление, святой изрекает пророчество, отец выдает дочь замуж. Любовь приравнивается к власти и истине, она обладает способностью устранить самую тяжелую карму, а значит, и самые одурманивающие иллюзии. Банальное выражение «сила любви» отражает энергетический факт, что вибрации высокой частоты способны очистить низшие тела человека. Вот почему девушка, принимающая судьбу в смирении, способна изменить ее силой благородства, ведь ее достоинства становятся общим достоянием новой семьи, чудесным образом меняя образ мыслей и даже внешний облик спутника жизни. Брак, который сначала кажется окружающим ужасным, нередко превращается в счастливый союз после свадьбы, оправдывая первоначальное отцовское решение. Что говорить о тех случаях, когда обещание исходит от отца, который принадлежит к высшим варнам (правителей или священников)? Ведь его слово весомо вдвойне. В «Панчатантре» встречается сюжет, когда девушка из семьи брахманов выходит замуж за змея, но благодаря честности и мужеству оказывается способна избавить мужа от заклятия, после чего живет с ним долго и счастливо, на зависть прежним злопыхателям.

В городе Небесных Дворцов жил-был брахман Благочестивый, бездетная жена которого заливалась слезами, глядя на игры соседских ребятишек. Наконец, брахман совершил особые ритуалы жертвоприношения, и жена забеременела, но родила не младенца, а змееныша. Соседи советовали ей выбросить его из дома, но счастливая мать никого не слушала, а кормила и растила его как родного сына. Когда змей вырос, мать постигла новая печаль: какой же отец отдаст свою дочь замуж за ее сына? Тогда брахман собрался в путь и обошел все дальние страны, пока не повстречал другого брахмана, у которого была дочь-красавица на выданье, и тот, не раздумывая, согласился сыграть свадьбу. Когда невеста с богатыми дарами вступила в город Небесных Дворцов, все жители, потрясенные ее красотой, потешались над браком со змеем и пытались ее отговорить. Но девушка отвечала: «Прекратите насмешничать! Я не желаю, чтобы мой отец-брахман изменил своему слову!» Сразу после свадьбы, когда они остались наедине, змей сбросил скользкую шкуру и предстал перед ней в облике прекрасного юноши, облаченного в царские одежды. Старик-брахман, не мешкая, бросил шкуру в печь, и молодые зажили в любви и согласии.

Здесь мы сталкиваемся с другой стороной традиции, когда невеста, хотя она и вольна отвергнуть выбранного жениха, как послушная дочь соглашается с выбором родителей, выказывая тем самым уважение к их мудрости. Вступление в брак – кармическая ситуация, в которой каждому воздается по заслугам, а значит, открываются новые возможности в жизни. Когда события вытекают одно из другого, и судьба вершится самым неожиданным образом, не следует менять свои решения, ибо именно желание поступить так, а не иначе, создало текущую ситуацию. При честном взаимном согласии обе стороны должны держать слово при любых испытаниях, и тогда все исправится к лучшему. Даже самый точный гороскоп и самая горячая любовь не раскроют вам все качества будущего спутника жизни в полной мере. После свадьбы вам придется столкнуться с такими недостатками «второй половины», о которых вы даже не догадывались. Да и в дальнейшем, скрытые доселе от обоих супругов, судьбы каждого из них постепенно будут создавать самые неожиданные ситуации. Для наглядности обратимся теперь к прямо противоположной ситуации, нежели та, которая сложилась в последней истории: девушка выходит замуж за принца, а после свадьбы узнает, что в животе мужа живет змея, но и эта сказка имеет счастливый конец.

В одном городе был у царя сын, страдавший от змеи, поселившейся в его животе, словно в муравейнике. Отчаявшись, принц отправился в другую страну, где жил подаянием, ночуя при храме. В том городе были у царя две дочери на выданье, и каждое утро одна приветствовала его словами: «Слава тебе, о повелитель!», а другая: «Да воздастся тебе по заслугам, властитель!» Наконец, царю это надоело, и он велел советникам, коль скоро она не прославляет собственного отца, выдать ее замуж за чужеземца, чтобы воздать ей самой «по заслугам». После поисков, советники нашли в храме нищего чужеземца и обвенчали его с царевной. С радостью приняла она своего мужа, словно самого бога, и отправились они в скитания. Когда они остановились по пути в одном селении, жена пошла на базар, а мужа оставила отдыхать в гостинице. По возвращении взору ее предстала страшная картина:

изо рта супруга выползла черная змея и заспорила с другой змеей, проживавшей во дворе в муравейнике. «Зачем ты отравляешь жизнь прекрасного принца?» - «А ты зачем стережешь сокровища в муравейнике?» – «И почему никто не догадается вывести тебя черной горчицей?» – «Вот бы кто-нибудь додумался залить твой дом крутым кипятком!» Подслушав беседу, жена так и сделала: изгнала одну змею черной горчицей, а другую – крутым кипятком. Вместе с мужем, достойным царского сана, и несметными сокровищами вернулась царевна во дворец, где ее окружили почетом и роскошью, воздав по заслугам.

Совсем иначе разворачиваются события, когда невеста с самого начала отличается дурными наклонностями, которые проявляются даже в телесном уродстве. Добро или зло сопутствуют тем, кто следует по пути праведности или сбился с него, и проникают в них самих во все возрастающей степени, затрагивая сначала душевный склад, а затем искажая внешней вид. Горбун и слепец – два наиболее часто встречающихся персонажа, и их облик выдает порочность натуры, а для женщины самое страшное уродство – рождение с третьей грудью, что символически передает ее развратность. Согласно писаниям, отец, принявший на руки такую дочь, близок к смерти, а если она выйдет замуж, то нарушит верность супругу и станет причиной его гибели. Всякий человек инстинктивно старается избежать контактов с некрасивой женщиной, не говоря уже об откровенном уродстве, подспудно догадываясь, насколько безобразной должна быть ее душа. Однако даже страшная карма, исковеркавшая тело и судьбу, может быть «отработана», когда каждый получит необходимый урок. В таком случае даже хронические болезни и врожденные уродства могут неожиданно исчезнуть, словно по мановению волшебной палочки, либо окружающие перестанут воспринимать внешние недостатки превратно, а исполнятся сострадания.

В далекой стране родилась у царя дочь с тремя грудями, и он хотел сразу отослать ее в лес, чтобы никто не проведал о случившемся. Однако советники отговорили его от столь жестокого шага, и тогда он решил выдать ее замуж, одарив богатым приданным, и выслать за границы царства. Но как не трубили гонцы по всей стране о царской «милости», никто не желал жениться на уродине. Шли годы, девочка выросла, и, наконец, призыв глашатая услышали слепец и горбун. Посовещавшись, они согласились, что никогда не представится им лучший способ выбраться из бедности. Слепец обвенчался с царевной, и втроем они добрались до далекого города, где поселились в роскошном особняке и зажили припеваючи.

Время шло, слепец большую часть времени дремал на ложе, а горбун заправлял хозяйством и вскоре стал любовником трехгрудой царевны. Тяготясь присутствием мужа, царевна решила отравить его, чтобы не мешал ее счастью. Горбун раздобыл мертвую змею, которую она приготовила и подала слепцу под видом рыбы. Но вышло так, что змеиный яд подействовал на мужа как лекарство, слепец прозрел и увидел перед собой блюдо со змеей. Догадавшись о коварстве супруги, он решил продолжать притворяться слепым, и скоро его взору предстали сладострастные картины любовных утех. Тогда слепец неожиданно вскочил с ложа и, не найдя ножа, принялся жестоко избивать любовников. В конце концов, одним из ударов он отбросил горбуна на царевну, а при столкновении горб и третья грудь вдавились вовнутрь, и их тела обрели правильные очертания. Так, после долгих страданий, все трое выздоровели, и восстановили супружеские и дружеские отношения.

По-видимому, вам более или менее понятно, как сердечная склонность перерастает в брачные узы, но ведь и здесь, как никогда часто, мы сталкиваемся с иллюзиями, обманчивыми представлениями о собственных чувствах. Теперь давайте обратим внимание на тот случай, когда свадьба отменяется. Невезение вызвано сложной структуры кармических связей: новые поступки налипают на ядро созревшей кармы, образуя снежный ком, который катится вниз с горы. Всякая осторожность и предусмотрительность бесполезна, коль скоро судьба настигает человека. Созданные чередой его прошлых поступков, постепенно созревшие последствия обрушиваются на него, подобно лавине, но тем самым расчищают завалы нечистот в душе. Так, низменная страсть к женщине, исходящая из неумеренности в чувствах, никогда не заканчивается браком, а приводит к бедствиям и гибели. В «Панчатантре» супружеская любовь окружена ореолом святости, тогда как проявления чувственности, застилающие взор и заглушающие голос разума, выставляются на посмешище, и даже смерть в погоне за удовлетворением нелепа и комична. Способность «потерять голову» часто используется врагами в корыстных целях, ибо человек, одержимый страстью, беззащитен перед соблазном, а значит, и перед теми, кто вводит его в соблазн.

Прислужник-шакал пообещал льву привести ему на обед упитанного осла, выманив его из деревни в лес. Приблизившись к сонному вьючному животному, шакал принялся соблазнять его, обещая встречу с ослицей «на выданье», и страсть ослепила беднягу в крайней степени. Поспешив на «свидание», осел чудом избежал верной гибели, ибо нетерпеливый от голода лев совершил неудачный прыжок и промахнулся. Тогда шакал снова разыскал перепуганного осла в деревне и принялся уверять его, что тот по недоразумению уклонился от жарких объятий разгоряченной ослицы. Снова зазывая осла в лес, шакал настаивал: «Нет ничего хуже, нежели обмануть ожидания томящейся от страсти женщины! Ведь она готова лишить себя жизни, если ты не женишься на ней! И если я не приведу жениха, я стану причиной разбитого женского сердца и прогневаю самого бога любви». Развесив уши, осел снова отправился на «свидание», и лев уже не промахнулся...

Итак, женщина – это не иссякающий источник сладостного нектара для мужчины, и она же – сосуд с отравой. Единение с женой дарует дыхание жизни, а разлука с любимой ведет к верной гибели. Присутствие женщины отмечает дом печатью любви, которой скрепляется все благое на свете. Тупой и недалекий человек, по неразумию питающий отвращение к женщине как таковой, преумножает свои грехи и заслуживает жалкой участи одинокого монаха. Однако полное доверие женщине также порицается, ибо она может таить в себе порочные склонности, и нет ничего страшнее женского коварства.

Супружеская измена и тесты на верность

Брак по любви и расчету, - а в индийской традиции эти мотивы неразделимы, как стремление к каме и артхе одновременно, - дарует спокойную размеренную жизнь, которую изнутри может нарушить только страсть. Измена жены становится темой многих историй, раскрывающих двойственный характер женской сущности. Примечательно, что все назидательные истории затрагивают неверность жены, и никогда речь не идет об измене мужа. Дело здесь не в том, что мужья заведомо в назиданиях не нуждаются, равно как и не просто в проблеме побочных детей. Объяснение столь пристального внимания именно к чистоте женщины дается в «Бхагавадгите»: если женщины рода растлились, наступает всех варн смешенье. Двойственный характер женщины – хранительницы очага или распутницы – неизменно вызывает осторожное отношение ко всему, что она делает. Жена должна слушаться мужа, хотя и только после того, как убедится, что он совершает лишь правильные поступки. «Муж – это бог», - такое состояние души, исполненной покоя и блаженства, присуще женщине, вступившей в настоящий брак на небесах. Напротив, жена, однажды изменившая мужу в порыве страсти, постепенно скатывается в пропасть бесчестия и становится способной на любые преступления. Но справедливость торжествует, и неблагодарную жену ждет суровая расплата за содеянное.

Жил в некоем городе брахман, любивший свою жену больше жизни. Но все в семье бранили ее без устали, поэтому он решил отправиться вместе с ней в другой город. По пути через лес она сильно мучилась от жажды, и брахман пошел на поиски воды, а когда вернулся, нашел ее уже мертвой. Скорбь его была столь безмерна, что вскоре раздался глас с неба: «Коли ты отдашь половину своей жизни, жена оживет!» Брахман провел ритуал очищения и вдохнул в жену жизнь, произнеся магическое заклинание: «Отдаю жизнь!» В тот же момент жена поднялась с земли, ничего не ведая о случившемся. Дошли они до деревни, брахман ушел на поиски еды, а жена его, очарованная пением калеки, воспылала страстью и изменила мужу. Когда брахман вернулся, жена сказала:

«Несчастный калека голоден, накорми его!», а когда пришло время трогаться в путь, она заявила: «Не пойду дальше без калеки!» Поскольку сам брахман был обессилен от поисков воды и еды, жена велела смастерить корзину, взвалила любовника на плечи и потащила.

Шли они втроем, а при входе в город остановились возле колодца, чтобы напиться. Сговорившись, любовники столкнули брахмана в колодец и направились прямиком к царю. С плачем и стенаниями ворвалась женщина в царские покои, волоча корзину с калекой, и предстала перед изумленным царем, который пожелал узнать, что все это значит. Тогда она объяснила, что принесла к его милости своего несчастного мужа, над которым все издевались в ее семье, и просит его защиты. Царь сжалился и даровал им две деревни, чтобы они ни в чем не нуждались. Но тем временем брахман выбрался из колодца и явился в тот же город. Завидев его и опасаясь раскрытия тайны, она донесла царю, что этот человек – враг ее мужа-калеки. Царь приговорил брахмана к смерти и обещал исполнить его последнюю просьбу. Брахман сказал: «Пусть эта женщина вернет мне то, что когда-то взяла!» Как только он потребовал, коварная жена сразу впала в транс и пробормотала: «Отдаю жизнь», - после чего рухнула на пол бездыханная.

Интересно сравнить роковую гибель неверной жены с древним обрядом сати – добровольного самосожжения жены после смерти мужа. В том и другом случае женщина гибнет после потери мужа, только в случае измены, вызывающей ответную кармическую реакцию, они как бы меняются ролями. Ведь при измене жена сама символически убивает мужа как мужа, после чего продолжение ее существования теряет всякий смысл. Напротив, верная жена сама осознает бессмысленность отдельного пребывания в воплощенном состоянии и стремится немедленно воссоединиться с мужем на тонком плане. Неудивительно, что, доведенная в индийской культуры до таких духовных высот самопожертвования, супружеская любовь и верность – высший идеал, воплощению которого воздают дань уважения все вокруг, волей или неволей, даже недоброжелатели.

В одной истории рассказывается, как вор становится свидетелем первых супружеских объятий и теряет всякое желание грабить дом. Наоборот, в другой истории жена изменяет старику-мужу, пытается обокрасть его и сбежать с любовником, но тот присваивает деньги и бросает ее на дороге. Теперь ее ждет либо покаяние перед мужем и возврат в ограбленный ее стараниями дом, либо жизнь нищенки. Контраст этих историй поразителен: любовь останавливает воровство, а измена вызывает ограбление виновника.

Купец после смерти жены полюбил молоденькую дочь богача и заплатил огромный выкуп, чтобы жениться на ней. Девушка же после свадьбы и смотреть не хотела на старика, а всегда спала, отвернувшись к стенке. Но вот в дом прокрался вор, и затаился в углу. Жена проснулась и заметила незнакомца, а испугавшись, впервые обернулась и прижалась к мужу. В нахлынувшем блаженстве, купец обратился к вору: «Ты меня осчастливил! Бери все самое ценное, что твоей душе угодно, и уходи!» Однако умиленный вор рассудил здраво: «Мне ничего не надо, но я непременно вернусь, если жена к тебе охладеет!»

Молодая жена старика-крестьянина завела любовника, а в конце концов решила сбежать с ним, прихватив с собой все накопленные мужем деньги. Глубокой ночью тронулись они в путь и вскоре дошли до реки, а на берегу любовника посетила мысль: «Зачем мне связываться с этой порочной женщиной? Коль скоро она изменила мужу, так и мне изменит!» Тогда он попросил женщину снять платье, чтобы завернуть в него сокровища и в сохранности переправить на тот берег, после чего он обещал вернуться за ней. Так они и сделали. Женщина осталась одна у реки, наблюдая от скуки, как шакал притащил на берег кусок мяса, но бросил его, завидев на отмели рыбу. В тот же миг коршун схватил мясо и взмыл в небо, а едва шакал обернулся на шум крыльев, как рыба махнула хвостом и исчезла в глубине. Женщина принялась хохотать, а шакал заметил: «Так ведь и ты сидишь голая!»

Женское коварство имеет временный успех, и незаконная связь с любовником неизменно кончается по принципу «потери приобретенного», точнее, незаслуженно приобретенного. Муж, до которого доходят слухи о неверности жены, обычно находит способ ее «проверить», найти подтверждение измены и наказать обоих любовников. «Тестирование» собственной жены на верность – частый сюжет «Панчатантры»: неплохо устроившись на какое-то время, пользуясь богатством мужа и наслаждаясь любовью на стороне, жена непременно теряет и то, и другое. Измена – это душевная и материальная кража, причем, у человека, который и без того добровольно отдал все в ваше распоряжение. Женщине следует сохранять цельность натуры, а раздвоенность в ее собственных помыслах и поступках вскоре приводит к расколу всей семьи. Нередко преступление жены усугубляется кощунством, когда она пытается извратить волю богов и использовать благочестие для покрытия измены. Современные женщины вместо богов призывают астрологию или что-то еще, желая доказать, что «случайных измен не бывает». Действительно, измены не случайны, ибо обусловлены внутренним разладом в душе жены, который выражается в попытке раздвоиться в поддержании отношений с двумя мужчинами. Теряет на этом прежде всего сама женщина, разрушая внутренний мир и оскверняя «божественные сферы».

Жил в одном городе брахман с неверной женой. Каждое утро пекла она пироги для любовника, не жалея масла и сахара, и долгое время удавалось ей обманывать мужа. Наконец, тот пожелал знать, куда она носит все эти кушанья, и жена сказала: «Неподалеку есть святилище богини, где я совершаю ритуал жертвоприношения». Не сомневаясь, что муж наблюдает за ней, жена направилась к святилищу на сей раз, но прежде спустилась к реке, чтобы совершить омовение. Тем временем муж обогнал ее другой дорогой и притаился во тьме святилища. Вскоре жена предстала перед статуей богини и обратилась к ней с просьбой: «О благословенная! Сделай так, чтобы мой муж ослеп!» Тогда брахман произнес из-за статуи не своим голосом: «Коли будешь подносить ему каждый день пироги с маслом, словно самому богу, тогда он ослепнет!» Жена принялась исполнять волю божью, и вскоре брахман пожаловался: «Дорогая, что-то я ничего не вижу!» Узнав об этом, любовник решил, что муж ему больше не страшен, и начал являться посреди бела дня, будто к себе домой, без приглашения. Наконец, брахман поймал жену на месте преступления, избил любовника, а жене отсек нос, и выгнал ее из дома.

Скрывать измену не так-то просто, поэтому на сцене зачастую появляется «доверенное лицо», которое способствует покрытию тайны и помогает организовать встречи любовников. Примечательно, что даже простое соучастие в измене подчас карается как сама измена, и подруга неверной жены, помогающая ей обвести мужа вокруг пальца, рискует «потерять нос», - то есть понести наказание, которому обычно подвергали саму изменницу. Согласно закону кармы, содействие выдает сходный образ мышления, но ведь именно замыслы приводят к тем или иным действиям, поэтому даже помыслы достойны наказания. Нам хорошо знакомо евангельская заповедь: «Даже посмотревший на женщину с вожделением уже согрешил с нею в сердце своем!» Индийская мудрость оказывается еще глубже: даже допустивший осуществление измены другими людьми, открывший свое сердце для принятия возможности измены, проделал все эти действия мысленно. Иными словами, подруга и сама не прочь изменить своему мужу, будь у нее такая возможность, а пока она «ходит в подмастерьях», растирая краски для создания иллюзий и обучаясь искусству их нанесения. Но ведь карма формируется, исходя из состояния сознания, неважно, было оно создано собственными действиями или сочувствием к поступкам кого-то другого.

Некоему страннику довелось стать свидетелем странных событий. Заночевал он как-то в одном доме, тогда как хозяин направился пить вино в кабаке, а жена в его отсутствие нарядилась и побежала к любовнику, оставив присмотреть за домом свою подругу. Когда пьяный муж вернулся посреди ночи и заподозрил неладное, он в помрачении рассудка принял подругу за собственную жену-изменницу и отсек ей нос. Вернувшись наутро и узнав о происшествии, настоящая жена разбудила мужа, восклицая: «О боги, свидетели истины! Если я верная супруга, пусть мой нос вернется на прежнее место!» Изумленный муж принялся просить у нее прощения, одаривать дорогими нарядами...

Странник отправился просить подаяние в дом ее подруги, где его взору предстала такая картина: муж, торопясь по делам, крикнул жене подать ему бритвенный прибор. Но жена, которая после ночных похождений вернулась домой без носа, наскоро нашла только бритву и протянула ее мужу. Тот рассердился, что она не собрала весь прибор, и не глядя запустил в жену бритвой. Схватившись за окровавленное лицо, жена закричала: «Полиция! Муж отрубил мне нос, ведите его в тюрьму!» Прибежали полицейские и схватили мужа, но тут в дело вмешался странник. Выступив в качестве свидетеля, он поведал перед судом всю историю, и справедливость восторжествовала.

Морализаторство претит современному человеку, изощренному в диалектике нравов. И все же мораль «Панчатантры» не является шаблонной, как это может показаться после декларирования столь строгих предписаний и очевидной неизбежности их выполнения. Совершенно неожиданно мы встречаемся с сюжетами, когда измена не только не карается, но и выставляется как забавная история всем вокруг на потеху. Однако проделки жены остаются нераскрытыми, и ей удается одурачить мужа только в том случае, когда он озабочен не столько сохранением семьи, сколько собственным здоровьем и долголетием. Страх смерти заставляет несчастного потерять всякий здравый смысл и поверить в любые небылицы. А стоит человеку позабыть о супружеском единстве, как он сразу же «освобождает» другую половину от необходимости соблюдать верность. Человек эгоистичный вполне заслуживает измену, ведь внутренне он все равно пребывает в одиночестве, а шила в мешке не утаишь, и жена тоже чувствует, что на самом-то деле она одна, вот и начинает искать кого-то на стороне. Почему тогда мужу не безразлична измена жены? Все по той же причине: жена, хотя и не существует для него как личность, воспринимается как одна из составляющих его собственной личности. При измене муж-эгоист и впрямь страдает, но не от оскорбленной любви, а от попранного самодовольства, к тому же и людей стыдно.

Жена горшечника прослыла распутницей на всю деревню, и он задумался, как бы ее проверить. Однажды утром он объявил ей, что сходит на пару дней по делам в соседнюю деревню, и велел приготовить еду. Напекла она пирогов, а как только проводила мужа, нарядилась и побежала звать любовника на ночь. Муж же выждал до вечера, вернулся тайком домой, прокрался в спальню и забрался в темноте под кровать, желая воочию убедиться в неверности супруги. Настала ночь, и любовники направились в постель, а жена случайно наступила на торчащую из-под кровати мужнину ногу. Сразу догадавшись, в чем дело, она не подала и виду, что заметила неладное, а села на постели и сказала любовнику: «Подожди ко мне прикасаться, я должна открыть тебе причину, по которой позвала тебя. Утром я молилась в храме, и боги предупредили меня, что спустя полгода я овдовею. Тогда я стала просить их милости, обещая сделать все, что они прикажут, чтобы муж мой жил до ста лет. Боги сжалились и открыли мне единственное средство продлить жизнь моего драгоценного супруга — переспать одну ночь с другим мужчиной. Теперь ты знаешь правду и можешь делать со мной все, что пожелаешь! Обещания богов не бывают лживыми!» Как только они закончили заниматься любовью, тотчас из-под кровати выскочил муж с возгласом: «Браво, верная жена!», а затем почтительно обратился со словами благодарности к гостю. Посадив на одно плечо жену, а на другое — любовника, муж поспешил обойти всех соседей и возвестить о милости богов.

Супружеская измена всегда признается самым веским «поводом для развода», ибо в данном случае требуется лишь констатация факта. Тем не менее, не нужно забывать, что измена бывает вызвана просто нехваткой любви, недостатком внимания. Порой для измены находятся и парадоксальные причины, например, уверенность в нерушимости семейного очага, в сильной любви мужа, который простит все, даже если узнает.

Иногда измена происходит даже из-за ревности супруга, словно толкающей на действие, создающей в уме образ поведения, который невольно западает в подсознание и срабатывает в подходящий момент. Так, однажды на прием к русскому экстрасенсу пришла супружеская пара, причем жена находилась в страшном смятении после случайной измены, заливалась слезами и повторяла: «Сама не знаю, как это вышло!» Оказалось, что просто муж давно ревновал ее к своему другу, пока не «заставил» силой своей мысли совершить ожидаемое... Какие бы демоны ни искушали вас, какие бы маги ни привораживали, берегите любовь как единственный прочный оплот реальности посреди иллюзорности бытия!

Семейные неурядицы: бранятся – тешатся

Кроме подлинных трагедий, ведущих к распаду семьи и гибели супругов, в жизни встречается намного больше обыкновенных неблагополучных семей, где муж и жена коротают время в мелких дрязгах. Нет худшего зла, чем измена, но разлад между супругами может наступить также из-за ревности или капризов, жадности или невнимательности и т.п. В какой-то мере подобная ситуация даже хуже однозначной измены, ибо она неразрешима: вроде и семья есть, а вроде и не семья это вовсе. Отчужденные друг от друга, супруги не расходятся, а продолжают жить вместе, создавая друг для друга препятствия и мужественно их преодолевая, тогда как лучше было бы использовать эту энергию «в мирных целях». В рассказе одного из русских писателей описывается, как жена принимает гостей, натужно улыбаясь и силясь подавить подступающие рыдания после размолвки с мужем, и, не дождавшись завершения сюжета, автор с тяжелым вздохом восклицает: «Вот ведь на что идет силища!» Что означает это нагнетание чувства несчастья с позиций теории кармы? Медленное созревание кармических семян, после которого трагедия становится неизбежна, и супруги оказываются перед выбором – быть или не быть вместе. Если же ситуация затягивается в прежнем «подвешенном» состоянии, то изводящаяся ревностью жена или оказавшийся под каблуком муж волей-неволей начинают совершать поступки, заслуживающие порицания или осмеяния.

На берегу моря в ветвях розовой яблони, ветви которой всегда ломились от спелых фруктов, жила обезьяна. Как-то раз подружилась она с крокодилом, стала угощать его медовыми яблоками и вести с ним сладкие беседы. Однажды крокодил взял пару яблок домой, чтобы поделиться с женой, а та, отведав диковинных фруктов, заявила: «Конечно, сердце самой обезьяны, которая каждый день ест такие яблоки, несравненно слаще!» - и принялась просить принести ей обезьянье сердце. Когда же крокодил принялся возражать, что он не может убить лучшего друга, жена залилась слезами: «Ты никогда мне не отказывал! Теперь я знаю, что обезьяна – твоя любовница, и ты проводишь с ней все время, позабыв про меня! Только съев ее сердце, я поверю, что ты меня любишь!» Как ни просил ее крокодил утешиться, она только пуще рыдала, а затем объявила «пост до кончины», угрожая умереть от голода, если не вкусит обезьяньего сердца.

Нехотя выплыл крокодил на берег и уныло пробормотал, что жене пришлось по вкусу угощение, и она просит обезьяну пожаловать в гости. Стоило доверчивой обезьяне взобраться ему на спину, чтобы переправиться на «подводный берег», и они отплыли в открытое море, как крокодил велел ей молиться своему избранному божеству, открыв всю правду. Обезьяна взволнованно ответила: «Друг мой, что же ты сразу не сказал! Есть у меня еще одно сердце, слаще этого, но я оставил его в кроне яблони!» Крокодил обрадовался и повернул к берегу, а обезьяна молилась по пути всем богам. Едва она ступила на сушу, как сразу в три прыжка вскочила на яблоню и расхохоталась: «Эх ты, глупец! Где это видано, чтобы у кого-нибудь было второе сердце! Видно, правду люди говорят, что нет ничего такого, чего мужчина не сделал бы ради женщины!»

И вот, находясь в безопасности, обезьяна рассказывает сидящему под деревом крокодилу историю о том, как помыкают жены своими мужьями, стоит только дать им волю. Сама структура «сюжета в сюжете» не только действует захватывающе, но и чрезвычайно интересна сама по себе. Мы видим, как крокодилу дается возможность посмотреть на себя со стороны, но мы догадываемся также, что сами все время находимся в положении крокодила, читая нравоучительные истории «Панчатантры». Таким образом, мы начинаем понимать: важно не только «что делать», но и «как делать», а нет лучшего способа овладеть каким-либо знанием, нежели научиться преподавать его. Если мы в состоянии не только исправить собственное поведение, но и повлиять на других людей, можно считать, что мы преуспели в искусстве совместной жизни. Когда взаимное согласие между мужем и женой нарушено, то не выигрывает никто, а многое теряют обе стороны, поэтому не так важно доказать, кто является виновником трений, как вместе найти способ восстановить гармонию в семье. Иногда бывает проще и разумнее покорно выполнить самые нелепые требования, добавив: «Ты не прав, но я тебя люблю, поэтому поступлю, как ты просишь!» - нежели доказывать собственную правоту, накаляя и без того перегретую атмосферу вокруг трескучего семейного очага.

В некотором царстве процветал властитель Сиятельный, и служил у него при дворе благородный секретарь Почтительный. Всем они были довольны, только вот жены обоим достались капризные, и дулись они на своих мужей целыми днями. Как-то раз поутру секретарь ласково обратился к жене: «Все для тебя сделаю, чего ни попросишь, лишь бы ты смягчилась!» Тогда жена велела ему обрить голову в знак покаяния и упасть к ее ногам, а когда он выполнил все в точности, смилостивилась. В то же утро царь взывал к царице с той же просьбой, и та потребовала, чтобы он позволил взнуздать себя вместо лошади, прокатил ее по дворцу и весело ржал. Ничего не оставалось царю, как доставить своей супруге это удовольствие, после чего она подобрела. Наконец, настало время вершить государственные дела, и, на потеху знатным вельможам и всему народу, на трон взошел взмыленный государь, а у ног его расположился бритый секретарь...

Наконец, особым поводом для раздора становятся дети или их отсутствие, ибо нет таких трудностей в индийской семье, которые послужили бы поводом к тому, чтобы вступить в связь с другой женщиной, кроме бесплодия. Нам известно из «Рамаяны», как царь, проклятый мудрецом на правление без наследника, берет одну за другой три жены, но всякий раз с согласия предыдущей. Как известно, все они жили как родные сестры, а после снятия проклятия одновременно забеременели. Однако рождение ребенка усложняет взаимоотношения между родителями, требует от них повышенного внимания друг к другу, а значит, открывает новую страницу в изучении науки близкого общения. Чем больше становится членов в семье, тем в большей степени проявляется тенденция к сплочению или разладу. Так, в «Рамаяне» основной сюжет изгнания в лес бога, воплощенного в облике старшего царского сына, было вызвано желанием третьей жены, чтобы именно ее сын вступил на престол. Инстинктивная защита детей, нередко доходящая до абсурда, также относится к ключевым сюжетам «Панчатантры», и мы встречаем множество историй о разорении птичьих гнезд и поисков пищи для детенышей. В большинстве из них «дети» - понятие собирательное, у них нет индивидуальных отличий, и это не случайно: горе той матери, которая пытается проводить различие между детьми, отдавать предпочтение одному из них. Наиболее ярко это проявляется в случае приемных детей, однако подобная опасность таится и в отношении к родным детям.

Жили-были брахман с женой, и родился у них сын. В то же время нашли они возле дома осиротевшего детеныша мангуста и решили усыновить его. Мать кормила его грудным молоком и заботилась, как и о собственном сыне, но никогда не забывала, что мангусты – хищники по природе, и даже детеныш представляет опасность для ее собственного ребенка. Однажды собралась она принести воды из колодца и строго-настрого наказала мужу никуда не отлучаться, а следить за детьми. Однако брахман не придал значения ее словам и отправился в деревню за подаянием, оставив дом без присмотра. Вскоре из норы выползла большая черная змея и направилась прямиком к колыбели. Мангуст заметил ее и в нем проснулся охотничий инстинкт, к тому же он опасался за своего маленького брата. Быстрее молнии бросился он на змею и одолел ее в отчаянной схватке. С окровавленным ртом выбежал он из дома и поспешил он навстречу мачехе, чтобы похвастаться победой. Но женщина, увидев хищный оскал и стекающую кровь, с ужасом подумала: «Этот злодей съел моего сына!» – и изо всех сил запустила в мангуста горшком с водой, убив насмерть одним ударом. А завидев возвращающегося мужа, она закричала на него: «Жадина! Тебе сытный обед дороже сына!» Но вот вошли они в дом и перед ними предстала мирная картина: младенец, играющий в колыбели, и растерзанная в клочья змея на полу...

Дети часто становятся жертвами родительского неразумия, и это не единственная история в «Панчатантре», которая кончается трагично. Например, глупая воробьиха принялась увещевать обезьяну обзавестись собственным домом, а не скакать с ветки на ветку, и назойливо щебетала до тех пор, пока обезьяна не разозлилась и не разорила в отместку ее гнездо, погубив птенцов. Однако в большинстве случаев родителям удается защитить своих детей даже от самых страшных хищников, и им всегда помогают друзья – советом или силой. Так, пара мелких пташек спасает свое гнездо от посягательств змеи, поселившейся под деревом, последовав мудрому совету шакала. Примечательно, что шакал исповедует теорию кармы и поясняет, что для змеи уже настал срок расплаты, поэтому ничего не стоит ее одолеть. Воспрянувшие духом птицы уносят из царски покоев золотую цепь и кладут ее в змеиную нору, а нашедшие с их же помощью пропажу стражники убивают змею, чтобы вернуть сокровище. Главный урок, который заключается во всех рассказах: дети – не вещи, и обладание детьми – совсем не то, что владение предметами, лишенными собственной жизненной инициативы. Дети наделены своей кармой, которая влияет на развитие событий, отягощая или облегчая карму остальных членов семьи.

Глава 6. Пороки и добродетели

Мы рассмотрели практически все стороны мирской жизни, но до сих пор приводили преимущественно общие правила, позволяющие мудро и решительно действовать в любой ситуации. Однако поведение каждого человека уникально, ибо зависит от его личных качеств, которые незаметно для него самого меняются вместе с переменой обстоятельств. Мир внутренний связан с миром внешним, и человек, подобно слепому кукольнику, при каждом движении души дергает за невидимые ему самому нити, воплощая собственные иллюзии. Стоит ли удивляться, что со всех сторон нежданно-негаданно выскакивают на сцену нашей жизни самые разные персонажи? Ситуации, которые могли бы кончиться иначе, разрешаются самым неожиданным образом под влиянием личных качеств главного героя. В «Панчатантре» пороки и добродетели чаще всего персонифицированы в облике того или иного животного, внешний вид и повадки которого указывают на главное свойство его характера. Бесполезно пытаться перечислить все возможные качества личности, и вполне достаточно показать сам принцип действия «устоявшейся» личной кармы, ставшей неотъемлемой принадлежностью поведения человека. Конечно, основное внимание следует уделить порокам, ибо добродетели «в оправдании» не нуждаются.

Всего в «Панчатантре» выделяется семь грехов в следующем порядке: пьянство, разврат, охота, ругательство, азартные игры, жадность и жестокость. Устами советника-шакала до нас доводятся признаки пяти ситуаций в мире, безусловно заслуживающих порицания: отсутствие (нехватка, ощутимый недостаток), продажность (извращенность, коррупция), привязанность (прикрепление, наложение ареста), опустошение (разорение, разрушение), ошибочная стратегия (неверная линия поведения). Отсутствие касается как материального достатка, так и необходимых людей – правителя страны, царского советника, верного друга в трудную минуту. Продажность возникает, когда иностранцы или соотечественники сильно обеспокоены достижением частных интересов или проведением политики некой группы. Привязанность включает в себя все выше перечисленные семь грехов. Опустошение производится восьмью силами: гневом божьим, огнем, водой, болезнью, бедствием, паникой, голодом, ливнем. И, наконец, ошибочная стратегия проводится человеком, совершившим неверный выбор среди семи возможных способов противостояния врагу, перечисленных выше: например, заключил мир вместо объявления войны.

Что же касается добродетелей, то все они держатся на силе разума, на развитой способности рассуждения. Нет ничего такого в мире, что неподконтрольно разумному человеку! Это убеждение высказывают все мудрые герои «Панчатантры», особенно в последней книге под названием «Опрометчивые поступки», где собрана прекрасная коллекция человеческой глупости. Наиболее очевидное свидетельство разумности – последовательность в действиях, когда человек либо вовсе не берется за какое-то дело, либо доводит его до конца. Другое главное отличие мудреца от глупца состоит в отношении к потери, смерти и прошлому, и здесь мы находит едва ли не буквальную цитату из «Бхагавадгиты», а именно: «О живущих или ушедших мудрецы никогда не горюют!» Независимо от слабости или силы ума, с первых страниц нас побуждают напрягаться, разбираясь в хитросплетении замысловатых сюжетов, ибо настойчивое действие неизменно приносит успех, и разумный человек способен «одолеть судьбу». Рассудительность выражается преимущественно в речи, поэтому не следует также говорить что угодно кому угодно. Исходя из степени проявления сознательного отношения к жизни, мы и рассмотрим свойства характера.

Мнительность:
пустые страхи, нелепые дела

Разум, как способность различения, относится в индийской философии прежде всего к умению отличать подлинную реальность от иллюзорных проявлений майи. На психологическом уровне неспособность видеть реальность в истинном свете порождает пустые страхи, из-за которых люди совершают необдуманные поступки. Пойманный в сети собственных мыслей, человек начинает биться в них, беспорядочно взмахивая руками и вызывая недоумение окружающих. Порой пустейшие слова заставляют отчаянно колотиться слабое сердце, а бесконечная болтовня порождает беспорядочную переменчивость в решениях. Не торопитесь с выводами, не переспрашивайте по десять раз, страдая от недоверия, не громоздите объяснения, одно нелепее другого, пока не убедитесь в истинном положении дел на собственном опыте. Тем не менее, не чурайтесь переливчатого многообразия мира, ибо, как известно, в ясном свете видно столь же мало, сколь и в полной тьме. Любуйтесь потоком образов и красок, наслаждайтесь переливами чувств и игрой сознания, но не увлекайтесь и не втягивайтесь в перипетии сих причудливых созданий божественной фантазии. Пусть самые разные известия доносятся до вашего слуха со всех сторон, но не всякий шум — причина для бегства или нападения. Следует видеть вещи в истинном свете, не пугаясь производимых ими звуков и не обольщаясь их внешним видом.

Бежал по лесу голодный шакал, принюхиваясь и прислушиваясь, нельзя ли чем-нибудь поживиться. Наконец, шакал набрел посреди леса на поле недавней битвы между царским войском и завоевателями, и до его слуха донесся стук барабана. «Горе мне, - подумал шакал, - вот и смерть моя настала! Какой могучий хищник способен производить столь громкий рев?» Но, подойдя поближе, он разглядел, что это сухой кустарник колышется от ветра и бьет ветвями в барабан, вызывая гулкий звук. Вцепившись в барабан когтями, шакал постучал по нему носом и услышал жалобное гудение. «Ага! - обрадовался он. - Вот и пища пожаловала!» Вцепившись в кожу барабана зубами, он принялся раздирать на куски несчастное создание, но обнаружил лишь пустоту внутри. Хорошо, что хоть зубы не повредил о деревянный каркас!

Барабан – подходящая метафора практически для всякого объекта человеческого вожделения, по которому он колотит своими мыслями, прислушиваясь к отзвукам. Но при столкновении с внутренней пустотой вещей в окружающем мире, который представляется таким плотным и насыщенным, не всегда человеку хватает сообразительности распознать свою ошибку в самом начале. Ведь объяснить можно все на свете самым правдоподобным образом, и человек чаще озабочен порядком в собственных мыслях, нежели их соответствием действительности. Если вы стали жертвой собственной мнительности, дело не ограничится одной потерей, а, согласно кармическому закону причин и следствий, в вашей жизни начнет выстраиваться целая цепочка событий, не имеющих ничего общего с реальностью. Так продолжается до тех пор, пока какое-то ощутимое происшествие не поставит все на свои места. Но зачем дожидаться весомого удара, когда можно просто постараться чувствовать реальность, настраиваться на различение истинного от ложного? В большинстве случаев причина заблуждения лежит в изначальном собственном обмане, после которого при нарочито искаженном представлении окружающий мир уже не может представать в истинном свете. Достаточно вступить на путь вранья, и вам уже не дано видеть истину.

В некотором царстве повадился призрак ходить по ночам к принцессе, которая трепетала в его объятиях, но не позволяла ее украсть, защищаясь магическим кругом. Однажды, поджидая в темном углу, когда принцесса отправится почивать, призрак услышал, как она сказала служанке: «Посмотри, вон тот призрак повадился приставать ко мне в сумерках. Нет ли какого способа его отвадить?» Не расслышав хорошенько ее слова, заглушенные шумом ветра, призрак подумал: «Значит, я не один, а есть еще кто-то по имени Сумерки, желающий украсть мою возлюбленную, но пока у него ничего не вышло! Попробую-ка я превратиться в коня, занять стойло и, когда он прискачет, рассмотреть хорошенько, каков он из себя и сильный ли он противник». Стоило ему выполнить свое решение, как в конюшню забрался конокрад и, осмотрев царских лошадей, выбрал оборотня. Схватив его за удила, вор потащил его наружу, подгоняя весомыми ударами, и вор подумал: «Видимо, это и есть Сумерки. Очевидно, он меня распознал и прогневался!»

Оборотень понесся во весь опор, пытаясь сбросить седока, и тот скоро понял, что конь-то не обычный, а заколдованный. На всем скаку он схватился за ветку могучего дерева и повис на ней, так что оба вздохнули с облегчением, что избавились друг от друга. Но вот сверху заверещала обезьяна, указывая призраку на вора: «Человечина – твоя пища, отчего бы тебе не полакомиться?» Тогда вор схватил обезьяну за хвост, и та примолкла, а призрак засмеялся: «Вот и тебя поймал Сумерки! А я теперь свободен!» - и поспешил удалиться.

Так и не распознав истинное положение дел, человек прикладывает огромные усилия, чтобы избавиться от мнимой опасности, и с радостью готов пожертвовать чем-то настоящим, лишь бы добиться победы в собственном воображении. Неравноценный обмен реальных вещей на мнимые подобен той наивности, с которой индийцы радостно меняли настоящее золото на стеклянные безделушки английских колонизаторов. Окутывая свое сознание все более густым облаком иллюзии, человек нарабатывает тонкую карму, которую ему все равно придется разгребать, неважно, путем углубленных размышлений или набивая шишки на лбу. Однако понимание того, как работает разум, дает в руки мощное оружие управления судьбой, хотя и не всегда человек понимает, к чему следует стремиться. Разум – прекрасный инструмент, но он бессилен дотянуться до тех сфер, где бытие-сознание-блаженство слиты воедино, и откуда доносятся призывы, воспринимаемые человеческим сердцем. Владея мышлением как средством создания и разрушения иллюзий, вы можете ставить истинные цели и добиваться их, а можете ставить ложные цели и тоже добиваться их, отягчая свою карму и осложняя существование в будущем. В первом случае вы проявляете спасительную смекалку, а во втором – пагубную хитрость.

Спасительная смекалка, пагубная хитрость

Искушенность в делах людских, изощренная способность отличать истинное от мнимого проявляется по-разному, позитивно или негативно, и может принимать такие формы, как сообразительность и смекалка либо интриганство и наушничество. Смекалка и хитрость прямо противоположны мнительности, ибо в данном случае человек прекрасно видит реальное положение дел, но путем создания иллюзии в глазах соперника направляет течение событий в нужное ему русло. Только если вы уверены в силе собственного разума, допустимо пускаться в рискованный эксперимент по управлению сознанием других людей, ведь, как мы уже видели, первой жертвой иллюзий становится сам их создатель. Изворотливость ума сама по себе не является чем-то хорошим или плохим, а служит причиной совершения низких или благородных поступков в зависимости от поставленной цели. Таким образом, именно конечная цель выступает тем маяком, который сияет сквозь пелену напущенного вами тумана. Ловкий обман – лишь средство, которое позволяет добиться желаемого, восстановив справедливость или нарушив все моральные законы.

В одном лесу поселился лев, опьяненный гордостью, и принялся он забивать всякого зверя, попавшегося ему на пути – не столько на пропитание, сколько от желания показать свое превосходство. Наконец, звери собрались на совет и направили ко льву делегацию с прошением не трогать лесной народ, а принимать ежедневно жертву, которую они сами будут посылать ему для поддержания сил. С тех пор каждый день выбор падал на члена той или иной семьи, и родственники проливали слезы, теряя сына или мужа. Исполнившись сострадания к сородичам, тщедушный кролик вызвался убить льва, но никто не воспринял его всерьез. Проведя ночь в молитве и медитации, на следующее утро кролик прискакал к логову льва в качестве «пищи», но тот нашел его слишком мелким и заявил, что на другой день он истребит все лесное зверье, раз они не снабжают его провиантом вдоволь. Однако кролик заметил: «Господин, не делайте этой глупости! Ведь они послали пять кроликов, однако по пути нас остановил могучий лев и спросил, куда мы направляемся. Услышав, что мы следуем на обед к Вашему Величеству, лев обозвал Вас воришкой в его владениях, съел четырех моих братьев, а меня послал передать Вам, чтобы вы убирались подобру-поздорову!» Услышав это, лев взревел: «А ну-ка, покажи мне этого мерзавца!» Тогда кролик угодливо провел его к глубокому колодцу, наклонившись над которым, лев увидел в глубине свое страшное отражение. Стоило ему зарычать во всю мощь, как из глубины вернулось втрое усилившееся эхо. Опьяненный яростью, лев бросился на противника и навсегда исчез в колодце, а в лесу наступил мир и покой.

Смекалка, примененная для спасения ближних, прославляется как находчивость и сообразительность, тогда как та же самая способность к созданию ложного представления о реальности, использованная с корыстными целями, порицается как интриганство. Человек с изощренным умом может стать как благословением, так и проклятием для окружающих, поэтому важно не только контролировать собственные способности, но и присматриваться к окружающим. Если вы видите человека умного, с ним лучше всего подружиться, однако если вы подозреваете его в низости, то лучше держаться от него подальше. Мы подробно рассматривали такие ситуации в связи с задачей обретения друзей, ибо друзей нужно выбирать с умом, а разум в другом человеке, в свою очередь, выступает главным качеством, делающим его достойным вашей дружбы. Однако если вы даже не вступаете с кем-то в непосредственный контакт, и в пределах вашей видимости нет ни одного человека, способного перемудрить вас, следует предполагать возможность его появления. Находясь среди одних глупцов, восхваляющих ваши достижения и великую премудрость, не спешите расслабляться, ибо в мире существуют не только дураки. «На всякого мудреца довольно простоты», и рано или поздно возле вас появится человек, способный распознать все ваши трюки, и тогда вам не поздоровится.

В некотором царстве начались народные волнения, и царь направил своего верного советника усмирять беспорядки. Во время его отсутствия к царю явился из леса нагой отшельник, который владел обширными познаниями в астрологии и магии, так что полностью завладел вниманием властителя. Дело дошло до того, что монах убедил царя в своей способности каждый день путешествовать на небеса и беседовать с богами.

Исполнив свой долг и вернувшись во дворец, советник обнаружил, что он впал в опалу, а царь ни на кого не обращает внимания, проводя все время с нагим монахом. Тогда советник приблизился к царю и подобострастно высказал восхищение способностями монаха, однако заронив тень сомнения в его близости к самим богам. Уязвленный монах объявил, что он может продемонстрировать, как он покидает тело и возвращается в новом – небесном облике. Попросив запереть его в келье, монах велел ждать его возвращения. Не долго думая, советник обратился к царю с просьбой поджечь келью, чтобы способствовать перевоплощению, что и было незамедлительно исполнено! Так хитрый советник избавился от соперника.

Помните, мысль имеет тенденцию воплощаться в реальности, и не заходите слишком далеко в смелых фантазиях, ведь даже в них могут поверить! Бросив в окружающий мир идею, заронив в умы людей ожидание чего-то особенного, вы и представить себе не можете, с какой радостью они подхватят эту нелепость и до какой степени разовьют ее в своем воображении. Однако, как известно, если реальность для всех одна и та же, и относительно нее разногласий не бывает, то «каждый сходит с ума по-своему». И если вы способны соотнести вымысел с реальностью в пределах собственной ограниченной картины мира, то вам никогда не разобраться, что делается в головах даже у самых близких вам людей, не говоря уже о тех, чей жизненный опыт отличается от вашего достаточно сильно. Думайте осторожнее, говорите вдумчивее, поступайте в соответствии со сказанным. Только единство мысли, слова и дела – надежная гарантия того, что в вашем поведении нет никакой «бреши», в которую может затесаться посторонняя мысль и сбить вас с толку.

Проницательность или недальновидность

Всякий из нас сталкивается с тем, что логическая последовательность отличается от течения событий во времени, которое для невнимательного наблюдателя выглядит совершенно хаотичным. Вот почему недостаточно владеть абстрактным мышлением, а следует развивать такое редкостное качество, как проницательность. Люди всегда почитали пророков и провидцев, которые, сохраняя полученные ими сведения о грядущих событиях в секрете, получали огромную власть над бездумной толпой. Подобная скрытность может послужить к исполнению великих дел, добрых или злых, но обладая даже некоторой способностью к провидению и незначительной властью, тот, кто замыслил осуществить нужные действия в свою пользу, должен держать планы в секрете. Представляя желаемое как нечто выгодное для другого, и прекрасно зная дальнейшее развитие событий, он поджидает, когда сможет воспользоваться плодами его усилий. Так, один шакал нашел в лесу мертвого слона, но не мог прокусить его шкуру. Поэтому он позвал леопарда на пиршество, а стоило тому приступить к трапезе, как сразу закричал: «Спасайся! Сюда идет могучий лев, убивший этого слона себе на обед!» Нужно ли добавлять, что шакал славно отобедал? Другой шакал поступил почти точно так же, подговорив льва убить верблюда, а затем напугав его приближением самой Смерти. Разумеется, добыча досталась тому, кто умело скрывал свои истинные намерения. А слабому и беззащитному существу следует быть скрытным в своих действиях, чтобы никто не отнял у него то, что имеется, не распознал его зависимости.

Случилось так, что один баран отбился от стада и пасся на лесном лугу, округляя бока и отращивая густую шерсть. Как-то раз повстречался ему лев, гроза всех зверей, но баран счастливо избежал расправы. Увидев гордый стан и мощное тело барана, лев подумал: «Этот пришелец посильнее меня будет, лучше держаться от него подальше!» Однако на следующий день лев заметил, как баран щиплет травку на поляне и облегченно рассмеялся: «Э-э! Да откуда у травоядного возьмется сила-то?» С этой мыслью он одним прыжком свалил барана с ног и загрыз. Вот почему говорится, что слабый должен питаться скрытно!

Когда мы говорим о недальновидности, то речь идет не о частном случае, не о нелепой ошибке, а о сложившемся характере, когда человек в принципе ведет себя необдуманно, вечно оправдываясь перед самим собой: «Да разве я мог предвидеть? О, если бы я знал, чем все это кончится! Я никогда не поступил бы так глупо…» Дальновидность предполагает умение предвидеть последствия тех или иных поступков, даже если они не выводятся напрямую из запланированных шагов. При сосредоточении на цели действий многое становится очевидным, словно само предстает перед внутренним взором того, что непредвзято смотрит в будущее, незамутненное его собственными опасениями и надеждами. И наоборот, недостаток внимания, рассеянность может казаться вполне безобидным свойством человека милого и доверчивого, но оно становится опасным для него в решительную минуту. В качестве самого простого примера можно привести очень распространенную ныне ситуацию, печальный исход которой неоднократно воспроизводится в «Панчатантре». Именно от недальновидности страдают столь частые попытки решить все проблемы разом, перебравшись за границу, где, по всем имеющимся сведениям, «легкая жизнь» и «правильные порядки». Однако недостаток информации сказывается роковым образом только на тех, кто не обладает критическим восприятием и склонен к легковерию. В итоге оказывается, что человек рисует себе радужные картины, вкладывает все силы и средства в осуществление задуманного, а по прибытии на новое место сталкивается с непредвиденными проблемами, если «путешественнику» вообще удастся проделать нелегкий путь до конца.

Однажды наступила сильная засуха, иссушившая все мелкие водоемы, и черепаха попросила двух гусей-друзей перенести ее в другой пруд, чтобы пережить бедствие. Вместе они договорились, как это осуществить. Путешественница вцепилась зубами в палку посредине, обещая хранить молчание, а гуси подхватили палку и полетели. Но вот черепахе открылись с высоты такие дивные виды, что ей захотелось поделиться своими впечатлениями от полета… И тут полет кончился.

Когда в стране настали голодные времена, отощавшая собака добралась до богатого города в другой стране, и сердобольная хозяйка принялась ее откармливать, а та восхваляла милость божью громким лаем. Однако это не понравилось остальным собакам, и всей стаей они набросились на чужака в переулке и едва не загрызли насмерть. Пришлось собаке убираться подобру-поздорову на родину, где другие собаки стали спрашивать, как ей жилось за рубежом. И путешественница ответила: «Хозяйки там добрые, да собаки уж больно злые!»

Доверчивость – частный случай недальновидности, ибо человеку, не обладающему способностью сосредоточения на ситуации, просто ничего больше не остается, как доверять или не доверять. Если отсутствие проницательности относится к глобальному восприятию реальности, то доверчивость проявляется по отношению к какому-то частному ее аспекту или «первому встречному» на «большой дороге». Совершив выбор в порыве чувства, человек вынужден раскаяться в содеянном, однако нередко исправлять ситуацию уже слишком поздно. Так, «слово – не воробей, вылетит – не поймаешь» и «сделанного не воротишь». Например, гостеприимство и не гостеприимство могут кончиться одинаково плохо, в зависимости от сопутствующих обстоятельств, которые человек оставил без внимания. В одной из историй «Панчатантры» вошь разделила с блохой хозяйскую кровать и была убита той же ночью, ибо блоха укусила хозяина и ускакала, а он перетряхнул матрасы и передавил всех вшей. В другой истории, наоборот, гуси не пустили лебедя на свое озеро, а тот пожаловался царю птиц, и он согнал с водной глади всю стаю, чтобы дать простор дорогому гостю. Таким образом, не бывает общих рецептов от всех болезней, и в каждой ситуации всякий действует по-своему, стараясь найти неповторимый образ действий, однако это не всегда получается, и особенно страдают люди доверчивые. В истории под названием «Лекарство хуже болезни» показано, как хитрость одного и доверчивость другого взаимно дополняют друг друга, вызывая роковое развитие событий.

Вот как было дело. Цапля сидела на берегу и плакала, а краб попросил своего извечного врага поделиться своим горем. Узнав, что цапля потеряла птенцов, которых съела поселившаяся под деревом змея, краб посоветовал ей позвать на помощь мангуста.

Сначала мангуст расправился со змеей, а затем добрался до гнезда и поживился самой цаплей.

Как было отмечено с самого начала, нет смысла разбирать все свойства характера, чтобы показать индивидуальную неповторимость поведения каждого человека. Необходимо и достаточно показать лишь неизбежность влияния личных качеств на принципы построения причинно-следственных связей. Понимая механизм действия кармы, или изучив законы психологии, вы без труда сможете проанализировать ситуацию самостоятельно. Ведь искусство жизни состоит в умении воспринимать реальность в истинном свете и принимать правильные решения, а в каждой ситуации это приходится делать заново. И если, вместо того, чтобы развивать разум, как рекомендуется в «Панчатантре», вы будете при малейшей трудности записываться на прием к психологу, астрологу, кармологу... вы никогда не научитесь управлять собственной судьбой. Иногда бывает необходима «неотложная помощь», но глупо постоянно жить на «таблетках» чужих рекомендаций, страдая наркотической зависимостью от такого сильного обезболивающего средства, как психологическая поддержка. Ведь это тоже доверчивость, порожденная недальновидностью. Возможно, вы ухватитесь за этот спасительный круг, но если вы придете с одной и той же проблемой по очереди к трем-четырем консультантам, скорее всего вы получите три-четыре различных метода ее решения, и выбор все равно останется за вами. Не оглупляйте сами себя, оттачивайте остроту своего разума в реальных жизненных ситуациях, не оглядываясь на то, что скажет «княгиня Марья Алексевна». Думайте сами!

Заключение. Упоение успехом

Не так сложно жить, когда у тебя куча проблем и неприятностей, как тогда, когда все пути открыты, и ты волен делать все, что пожелаешь. Успех – это испытание, ибо жить в полноте чувств и калейдоскопе замыслов, имея богатый выбор вещей, в окружении множества друзей или желающих стать таковыми, поистине непросто. Переживание упоения требует воспитания чувства равновесия, внимания к себе и всему вокруг, настоящей «культуры досуга», которая для многих остается чем-то запредельным. Получив желаемое, не так-то просто его удержать, но ведь нет никакого смысла «урвать свое» от жизни, а дальше – «будь, что будет!» Как известно, именно на вершине самый сильный ветер судьбы, и под ударами его порывов труднее всего устоять, а падая по малейшей оплошности вниз, человек разбивается насмерть. Победа на всех фронтах – только начало настоящей битвы, в которой вам предстоит победить свои страсти и выработать умеренность в наслаждениях. Если этого не происходит, вполне вероятно, что вы потеряете все достигнутое, вернувшись к прежней жизни или оказавшись в еще более затруднительном положении.

Мудрость «Панчатантры» направлена на упрочение достижений, на медленное, но верное продвижение к успеху, на пути к которому человек успевает освоиться со своим новым положением и уже не склонен «терять голову». Разумное отношение к жизни, выработанное героем в трудностях и испытаниях, продолжает поддерживать его и в счастье, посреди новых искушений. Наставления «Панчатантры» не принудительны, и даже когда высказываются прямые указания: «Делайте так!», они часто опровергаются в последующих рассказах. Уроки «Панчатантры» наглядны: в ней просто показывается: если вы поступите таким образом, то получите соответствующий результат, а вот смотрите, бывает еще и иначе и т.д. Критерий успеха у каждого свой, и только чувство личной удовлетворенности доказывает, что человек достиг своей цели.

Но как часто многие из нас живут с этим чувством просто потому, что привыкли к собственной незначительности, с умилением относятся к своей невзрачности. Наиболее курьезные ситуации складываются, когда в упоении самим собой, каким бы он ни был, человек наивно выставляет напоказ свои таланты, не находящие поклонников. Тогда он уподобляется тому «музыкальному» ослу, который от переполнявшего вдохновения пожелал исполнить песню ночью, забравшись в соседский огород, а хозяева, услышав ослиный концерт, побили его и прогнали за ворота.

Но, положим, вам действительно удалось добиться в этой жизни всего: у вас любимая и верная жена и прелестные дети, вы не стеснены в средствах и окружающие относятся к вам с неизменным уважением, вы прекрасный профессионал и проводите свой досуг среди старых надежных друзей. Чаша вашей жизни полна до краев, и у вас уже не осталось неудовлетворенных желаний, тогда как впереди еще столько времени – годы и годы… Вы продолжаете в упоении наслаждаться жизнью, – а что еще остается делать? - но вот ваш возраст переваливает за пятьдесят, когда современный человек мысленно начинает готовиться к «заслуженному отдыху». В индийской культуре это самый важный период в воплощении, ибо здесь кончается мирская жизнь и начинается поиск освобождения от обусловленности человеческого существования. После стадии грихастхи (домохозяина) следуют стадии ванапрастхи (отшельника) и санньясина (странника): сначала человек в уединении разбирается с полученным опытом жизни, затем выбирает наиболее подходящий путь духовной реализации и следует по нему до самого конца. Призывая к этому пути, индийские мудрецы с древнейших времен до наших дней обращаются к мирским людям: «Довольно, довольно мужей и жен, детей и друзей… Вы пришли один и уйдете один, и никто не последует за вами. Осуществите Бога, и вся суета закончится!»

Книга 2.
«Хитопадеша»:
Парадоксы взаимности

Добиваясь своих целей в жизни и положения в обществе, мы находимся в сетях взаимоотношений, и никакие достижения не возможны без согласия других людей. Нам важно услышать «да», но даже когда оно прозвучало, мы не можем быть уверены в исполнении обещаний. А когда мы получаем обещанное, чаще всего оказывается, что это вовсе не то, чего нам хотелось. Взаимность всегда создает парадоксы, ибо отношения имеют явную и скрытую стороны.

Мастерством в жизни обладает только тот, кто умеет оставаться честным при любых обстоятельствах без малейшего вреда для себя. Мудрое поведение, необходимое каждому человеку, с древнейших времен стало в Индии целой наукой, известной как нити-шастра. В древности собрание назидательных сюжетов получило название «Панчатантра», а ее продолжением стала средневековая «Хитопадеша», посвященная искусству взаимоотношений.

Овладение искусством взаимоотношений позволит нам предвосхищать парадоксы взаимности, догадываясь о скрытом подтексте «да» со стороны наших ближних. «Хитопадеша» учит нас быть вместе и оставаться собой, находить друзей и переносить разлуку, восставать и прощать. Все приходит к одним и уходит от других в зависимости от расстановки сил в обществе. Важно лишь осознавать законы, по которым мы создаем «вращение светил» вокруг себя.

Введение. «Да» с подтекстом

Добиваясь своих целей в жизни и положения в обществе, мы находимся в сетях взаимоотношений, и никакие достижения не возможны без согласия других людей. Для того чтобы получить желаемое, нам всегда приходится добиваться взаимности, происходящей либо по любви, либо от страха. Нам важно услышать «да», но даже когда оно прозвучало, мы не можем быть уверены в исполнении обещаний. А когда мы получаем обещанное, чаще всего оказывается, что это не совсем то, чего нам хотелось. Как известно, признание в любви редко означает одно и то же для обоих влюбленных, и взаимность - не венец, а начало взаимоотношений. И наоборот, обоюдное стремление к разрыву – это форма взаимопонимания. Взаимность всегда создает парадоксы, ибо любые отношения между людьми существуют на «грубом» и «тонком» уровнях, обладают явной и скрытой формой. Вот почему особую ценность представляют умение разбираться в хитросплетениях связей, искусство дипломатии, способность распознавать жадность и хитрость.

Мастерством в жизни обладает только тот, кто умеет оставаться честным при любых обстоятельствах без малейшего вреда для самого себя. Мудрое поведение в жизни, необходимое каждому человеку, с древнейших времен стало в Индии целой наукой, известной как *нити-шастра*. Однако сложилась она в непринужденной манере поучительных бесед, наставлений для царских сыновей, преподносимых в виде забавных историй и стихов. Древнейшее собрание назидательных сюжетов широко распространилось под названием «Панчатантра», а продолжением данной традиции обучения стала средневековая «Хитопадеша», посвященная в основном искусству взаимоотношений. Любые взаимодействия происходят на нескольких уровнях – в виде «тонких» энергий и «реальных» поступков, что выражается в мыслях, словах и делах. «Хитопадеша» учит нас приводить свои собственные связи с другими людьми в соответствие с их устремлениями в отношении нас самих.

Все мы связаны так или иначе. Овладение искусством взаимоотношений позволит нам предвосхищать парадоксы взаимности, догадываясь о скрытом подтексте «да» со стороны наших ближних. Жизнь состоит из встреч и расставаний, а «искусство войны» дополняет «искусство любви». Самый главный парадокс состоит в том, что все мы составляем единое целое, но при этом каждый из нас бесконечно одинок. Только мудрый человек способен выносить без страданий это непостижимое совмещение в своем сердце всепоглощающей любви и вселенского одиночества. «Хитопадеша» учит нас быть вместе и оставаться собой, находить друзей и переносить разлуку, восставать и прощать. Все остальное – деньги, вещи, знания – приходит к одним и уходит от других в зависимости от новой расстановки сил в обществе, где каждый является «центром», вокруг которого вращается мир. Важно лишь осознавать законы, по которым мы создаем «вращение светил» вокруг себя.

Глава 1. Обретение друзей

Любая первая встреча неизменно сопровождается тревогой. Согласно нити-шастре, прежде всего надлежит исследовать внутреннюю сущность человека, его характер, невзирая на проявляемые им качества. Всякий, кто быстро вызывает расположение, может оказаться пройдохой, умело втирающимся в доверие, преследуя свои цели. Но ведь без вашего искреннего отклика на вполне честное предложение никогда не завяжется настоящая дружба. Первый парадокс на пути установления взаимности: сближение кажется весьма рискованным, но это не значит, что нужно держаться неприступно, никого не подпуская к себе на пушечный выстрел. Нити-шастра учит распознаванию людей, избирательности в связях, а также и точному определению собственных чувств. Главная проблема в налаживании контактов состоит не только в неумении уловить подспудную тревогу при встрече с недостойным человеком, но также в неспособности признаться самому себе в притяжении к другому человеку, а затем открыться ему в своих чувствах. Первая часть «Хитопадеши» посвящена рассказу о том, как непросто складывается общая судьба четырех верных друзей, непохожих друг на друга, и все же находящих взаимопонимание.

На берегу священной реки Годавари стояла раскидистая шелковица, в кроне которой ночевали перелетные птицы. Однажды, проснувшись посреди ночи, одна ворона завидела с вершины охотника с сетями, неотвратимо приближавшегося к дереву, подобно второму богу Смерти. Она полетела вслед за ним, а тем временем охотник рассыпал на земле зерна риса и расставил силки. Однако вожак голубиной стаи, обнаружив поутру щедрое угощение под деревом, обратился к своим сородичам: «Откуда взяться рису в глухом лесу, подумайте хорошенько! Не иначе, здесь что-то не так, и лучше не прикасаться к пище неизвестного происхождения». Но птицы не послушались его и попались в сети. Тогда вожак велел им дружно взлететь и перенестись на самый берег, где жила в норе мышь, которую он уговорил перегрызть сети. После освобождения голубей, улетевших обратно, наблюдавшая происшествие ворона, возжелала подружиться с мышью, несомненно обладавшей благородным характером. В результате длительного обсуждения достоинств дружеского общения, мышь приняла своего природного врага как друга.

Некоторое время они жили на прежнем месте, но вскоре вороне стало трудно находить пропитание, и они вместе перебрались на лесное озеро, где обитала черепаха – старый друг вороны. Черепаха приняла обоих как дорогих гостей, а вскоре к ним присоединился олень, спасавшийся от охотничьих собак. Вчетвером они жили долго и счастливо, пока не случилось несчастье: медлительная черепаха попала в человечьи руки. Друзья поклялись освободить ее любой ценой и составили общий план действий. Олень притворился раненым, а ворона уселась на его спине, каркая во всю мочь, чтобы привлечь внимание человека к легкой добыче. Стоило тому оставить связанную черепаху и отойти, как мышь быстро перегрызла веревки, и черепаха сразу плюхнулась в озеро. В тот же миг олень вскочил и умчался в глухомань, ворона полетела вслед за ним, а юркая мышь уже поджидала их в укромном месте. Друзья снова собрались вместе и больше не расставались. (1.1)

Лейтмотив всех наставлений в науке общения: лишенные богатства, но наделенные разумом, верные друзья *быстро* достигают поставленной цели. В этой истории, которая составляет канву науки о дружбе, попадание в западню обостряет чувство времени и заставляет действовать сообща, чтобы успеть освободить друга. Значит, к преимуществам дружбы относятся не только уверенность в поддержке, «планов громадье», но и высокая скорость осуществления задуманного. В своих поступках мы всегда ограничены временем, и неумолимый фактор конечности «кубического сантиметра шанса» заставляет некоторых из нас договариваться о совместных проектах. Действия, производимые несколькими людьми одновременно в разных местах, позволяют свершать в одиночасье то, что заняло бы длительный период при последовательном выполнении в одиночку. Вообще, хотим мы того или нет, всякое действие оказывается содействием либо противодействием, а часто выступает как содействие одним и противодействие другим. Только установление взаимности позволяет нам превратить противодействие в содействие, доставляя редкостный шанс «сжать время», так что мновение превращается в вечность.

При встрече со всяким незнакомцем нам надлежит быстро решить три задачи: в какой мере стоит доверяться, как установить тесный контакт, как наладить и поддерживать прочную связь.

Доверие – степень риска

*Никогда не доверяй всецело и прямо
зверям с когтями, цветам с шипами,
бурным рекам, юнцам вооруженным,
женщинам и царским придворным...*

Для того чтобы уверенно себя чувствовать в любом обществе, прежде всего вам надлежит хорошо овладеть искусством распознавания хитрости и лицемерия. В назидательных историях незадачливый простак вечно попадает в расставленные хитрецом сети, где находит бесславный конец, если на выручку не приходят старые друзья. Помните, вызвать ваше доверие можно только в том случае, если вы «не чисты», и кто-то оказывается способен сыграть на вашей жадности или властности. Жадность – корень греха и вернейший путь к погибели. Проще всего обмануть вас, если вы не столько заинтересованы самим человеком, сколько желаете получить нечто материальное. Ведь тогда внимание ваше полностью захвачено вожделенной вещью, и вы уже не замечаете даже самой примитивной лести и грубых уловок. Именно тогда, когда другой человек выступает для вас в качестве «средства», ему ничего не стоит превратить в «средство» вас самих. В этом парадоксе взаимности вы пытаетесь сыграть на благородстве, не подозревая о том, что само по себе чужое благородство – всего лишь игра, в которой разыгрывается ваша собственная жизнь. Первый урок нити-шастры: сначала смотрите в лицо самого человека, и лишь во вторую очередь - на то, что он держит в руках и протягивает вам.

Некий путник забрел в лес и повстречал старого тигра, который предложил ему золотой браслет. Разум путника помутился от жадности, однако он успел подумать: «Какая редкая удача! Конечно, я рискую жизнью... Но ведь любое приобретение связано с риском». И он осведомился у тигра: «Почему я должен доверять такому свирепому хищнику, как ты?» Тогда тигр ответствовал: «О, путник! В юности я и впрямь был кровожадным и загрыз немало коров и людей, отчего потерял жену и сыновей. Однажды некий святой отшельник посоветовал мне совершать омовение, изучать священные писания и делать добрые дела. Так я жил много лет, а теперь совсем одряхлел, и даже зубы повыпали... Неужели до сих пор я не заслуживаю никакого доверия?» К великому удивлению путника, тигр дословно воспроизвел важнейшие религиозные предписания, после чего пояснил: «Сейчас я настолько очистился от жадности, что хочу поднести кому-нибудь золотой браслет из собственных лап, но люди боятся меня! Ты и впрямь нуждаешься в деньгах, поэтому соверши омовение в озере и прими от меня этот скромный дар...» Обрадованный путник поспешил к озеру, где сразу увяз в прибрежной трясине, а тигр не замедлил его съесть. (1.2)

Великий *кодекс чести* в отношении к друзьям и врагам, подлежащий исполнению при предстоянии лицом к лицу, отражается и преломляется во множестве малых кодексов поведения. Однако любые правила вполне условны, и «принципиальный» человек - не тот, кто никогда не меняет своих принципов, а тот, кто понимает основной принцип изменения правил. Хотя далеко не все связи с людьми столь глобальны, чтобы мы вкладывали в них личное благородство без остатка, даже незначительные поступки следует совершать с безукоризненной нравственной точностью. В связи с этим в нити-шастре часто делаются отступления от основной темы, где расписываются правила взаимодействия с преходящими персонажами. Так, в вышеприведенной истории затронут мотив подаяния, и тигр провозглашает: «Подавайте бедным, а не живущим в достатке, ибо воистину лекарство требуется больным, а не здоровым!». Считается, что превильнее всего одаривать тех, кто не в состоянии возвратить долги. Когда богатый встречается с бедным, взаимность между ними предполагает перетекание богатства от одного к другому, но всегда ли обоим на пользу подобная взаимность?

Малый *кодекс благотворительности* требует подавать нуждающимся, причем не по внешнему виду, а по реальной нужде. Теперь посмотрим на него с позиции дарителя, и у нас сразу возникнет сомнение: откуда нам знать меру человеческого падения? Нищий – не близкий человек, и вам до него мало дела, да и вы для него просто прохожий, и неважно – вы или другой положит малую монетку в кружку. Однако вам случается иногда подавать милостыню, всякий раз спонтанно следуя некоему внутреннему побуждению. Между вами и просителем вдруг возникает своего рода «мгновенная взаимность», которая за считанные секунды связывает вас в единое целое, а в результате вы теряете считанные монеты. И все же подобные «мелочи жизни» не следует недооценивать: ведь если вас постоянно обворовывают бессовестные попрашайки либо ваше сердце остается черствым и безответным при виде подлинной беды, - вы несовершенны в нити-шастре, а значит, способны понаделать серьезных ошибок в важных отношениях. Вот как сострадание птиц к слепому престарелому коршуну привело к потере их собственных птенцов.

На обрывистом берегу реки стояло раскидистое дерево, где гнездились птицы. Там же поселился ослепший коршун, и птицы делились с ним пищей из сострадания. Однажды на дерево забрался кот в надежде полакомиться птенцами, но завидев коршуна перетрусил: «Конец мне пришел! Убежать я уже не успею, что же делать? Придется втереться к нему в доверие...» Кот обратился к коршуну с высокопарной речью: «Приветствую тебя, благородный муж! Прежде выслушай меня, и если я достоин смерти, то убей! Я живу на берегу этой священной реки, каждый день совершая омовение, не ем рыбу, соблюдаю целомудрие и практикую аскезу. Ты искушен в религии и умудрен опытом, поэтому твои суждения достойны почтения. Я пришел учиться у тебя нравственному поведению и прошу принять меня как гостя». Наконец, коршун позволил коту остаться в дупле дерева, и тот принялся таскать туда птенцов и поедать их. Обезумевшие от горя птицы, потерявшие своих детей, принялись искать их повсюду. Тогда кот выпрыгнул из дупла и убежал, а птицы нашли кости в дупле и насмерть заклевали коршуна, приняв его за виновника своего несчастья. (1.4)

Основной парадокс взаимности в этой истории проявляется не между птицами и коршуном, а между коршуном и котом. Претензия кота на изучение этики требует ввести здесь малый *кодекс религиозности*, который включает в себя предписания внешние и внутренние, и именно одностороннее выполнение предписаний создает парадоксы. «Религиозность» в индийском понимании тождественна праведности: неважно, *каким* богам вы поклоняетесь, а важно, *как* вы это делаете. Путь религии составляют четыре явных действия: жертвование, изучение священных писаний, благотворительность, покаяние, - их нередко выполняют бездушно и напоказ. Но кроме того, праведный человек соблюдает четыре внутренних правила, взращивая в себе такие качества, как честность, терпение, прощение, нестяжательство. И тигр, и кот втираются в доверие, проявив глубокую религиозность, которая предполагает внутреннее достоинство. «Все подвержено разрушению, даже тело, и лишь религия поддерживает нас всю жизнь и после смерти», - такова позиция кота. Хотя все религии различны, их объединяет *идея ненасилия*, вот почему религиозность сама по себе вызывает доверие, независимо от вероисповедания. Праведность – основа взаимности, а сложная структура добродетели выступает залогом подтасовок.

Второй аргумент кота: «Я гость!». Здесь вступает в силу *кодекс гостеприимства*: даже заклятого врага следует принимать в доме, как гостя. По индийским обычаям, если гость выйдет за ворота дома, неудовлетворенный приемом и разочарованный в своих ожиданиях, то он по праву оставит груз своих тяжких грехов нерадушным жильцам, а с собой унесет накопленые ими заслуги. Даже нижайший из смертных заслуживает почитания в доме знатных особ, явившись как гость, ибо вместе с ним в дом вступают все боги. Нежданный гость, ищущий приюта под крышей бедных людей, по меньшей мере может рассчитывать на чашу питьевой воды, место на полу, соломенную подстилку и задушевную беседу. Гость – воплощение всех богов... А значит, под него можно неплохо подделаться! Конечно, гость должен соответствовать своей миссии – быть воплощением добродетели, даже если ему довелось заночевать в стане врага. Но и это требование подчас на руку «игрокам»... Когда вы принимаете гостя, между вами обоими на короткий срок устанавливается негласная договоренность, *кто есть кто*. Однако в определении визитера как гостя, согласно нити-шастре, важно внимательно смотреть не на происхождение (или касту), а на манеры поведения.

В глухом лесу жили душа в душу ворона и олень, пока не повстречался им шакал. Завидев крутые бока оленя, тот сглотнул слюну и подумал: «Как бы я полакомился его мясцом! Но сначала придется завоевать его доверие...» С великой осторожностью приблизился шакал к оленю и вежливо поинтересовался: «Как поживаешь, дружище?» Олень настороженно поднял уши: «А ты кто?» Шакал с готовностью отвечал: «Я обитаю в этом лесу без друзей, словно без души в теле. Увидел тебя и решил стать тебе другом, чтобы снова вернуться к жизни». Олень согласился подружиться, и как только стемнело повел шакала на свое лежбище под деревом. Завидев их с вершины, ворона подлетела и каркнула: «Друг мой, кого ты привел? Разве можно доверять незнакомцам?» Шакал огрызнулся и заметил: «Ты бы помолчала – было время, когда ты сама встретилась с оленем впервые! И все же ваша дружба постепенно выросла и окрепла». Пришлось вороне смириться, и зажили они вместе. Однажды шакал повел оленя на крестьянское поле, заранее вызнав, где расставлена западня. Стоило несчастному запутаться в сетях, как шакал затаился в ожидании, пока он ослабеет. Но тут прилетела ворона, наконец-то разыскавшая пропавшего друга, и прокаркала: «Предупреждала я тебя, послушайся хоть теперь меня – как придет хозяин, притворись мертвым». Найдя поутру в сетях мертвого оленя, хозяин выпутал его и оставил на меже, а олень вскочил и убежал. Тогда хозяин заметил метнувшегося вслед шакала и пристрелил его из ружья. (1.3)

Вот такой новый парадокс: как «утрясти» во взаимоотношениях две взаимности – старую и новую? Казалось бы, старый друг должен быть согласен с вами во всем, а вы встретили незнакомца, который схватывает буквально на лету каждое слово. Между вами возникло взаимопонимание, завязались новые отношения, а другу это не нравится. Вполне вероятно, что друг просто ревнует, нарушая былое согласие, но, возможно, он совершенно прав: новая встреча угрожает не только испытанной дружбе, но и вашей жизни. Согласно нити-шастре, каждый человек признается вменяемым и должен отвечать за собственные решения: никто не встречает друзей или врагов, а создает своим поведением. Любому человеку приходится выполнять роль координатора разных моделей взаимности. Согласие с одним не мешает согласию с другим, пока речь идет о том, что принадлежит вам, но не касается вас самих в целом. Иначе вы сами себе не принадлежите... Только недалекий человек стремится разделить «своих» и «чужих», а для всеведущего – весь мир одна семья. Чем более суженным оказывается ваше сознание, тем чаще различные отношения в вашей жизни приходят в столкновение, тем меньше «взаимностей» вы способны создать без непримиримых противоречий.

Вот что получается: в конечном счете мы зависим только от самих себя, и вопрос доверия редко стоит ребром «или – или». В исключительных случаях от выбора зависит жизнь, но чаще всего мы вольны доверять не всецело, а лишь в той или иной мере, оставляя за собой полное право контролировать ситуацию в остальных отношениях. Казалось бы, можно вздохнуть облегченно, но вспомним коварного тигра: как легко погибнуть из-за такой безделушки, как кольцо... Так стоит ли безоглядно доверять в мелочах? Согласно нити-шастре, следует проверять друга в беде, воина – в битве, честность – в сомнениях, жену – при утрате благосостояния, а прочих ближних – при всякого рода затруднениях. Собственная праведность – не повод доверять всем без оглядки, ведь вокруг хватает лицемеров. Человек, не способный почуять копчение лампы, равно как и воспринять разумный дружеский совет, почти мертв, ибо не обладает чувствительностью. Как мы видим, замкнутый круг в рассуждениях размыкается при развитии способности чувствовать истинные намерения людей, а развивается она по мере накоплении опыта доверия. *Первая встреча* - точное тестирование на проницательность.

Как-то раз повстречал изголодавшийся шакал громадного слона и подумал: «Такого запаса пищи мне хватило бы на четыре месяца... Попробую-ка я заполучить эту гору мяса!» Припадая на передние лапы и разметая пыль хвостом, шакал приблизился к слону и затявкал: «Господин! Соизвольте бросить на меня свой взор!» Слон наклонил голову и поинтересовался: «Ты кто?» Шакал сразу воодушевился: «Я шакал, и лесной народ послал меня к тебе, призывая остановить самоуправство. Не подобает звериному роду оставаться без царя, а кто кроме тебя может удостоиться величайшей почести? Не упускай же благоприятного момента, а поспеши вслед за мной на коронацию». Не дожидаясь, пока слон одумается, шакал затрусил по тропинке в глухомань. Видя, как он удаляется, слон бросился вдогонку, охваченный жаждой заполучить царство, но вскоре увяз в трясине и позвал своего проводника вытащить его на сушу. Шакал обернулся, подошел поближе и, ухмыльнувшись, заметил: «А ты хватайся за мой хвост и выбирайся побыстрее... Коли угораздило тебе довериться такому пройдохе, как я, испей же сполна горькую чашу страдания, от которого нет избавления!» И шакал принялся поедать первую порцию слонятины. (1.9)

Старый шакал не рассчитывает больше на немощное тело, но опирается на силу разума, вызывая доверие хитростью. Он превозносит достоинства слона, посвящая нас в принцип иерархии, ибо доверие возникает не только между равными. На доверии строится любая избирательная система: низшие выбирают высших, чтобы те решали задачи организации, а высшие полагают, что могут опираться на низших в осуществлении их решений. Доверие по вертикальной шкале часто перекрывает доверие к людям одного уровня, вызывая необходимость компромиса или выбора. Согласно нити-шастре, следует сначала обрести царя, а потом можно обзавестись женой и накапливать богатство. Повелитель должен быть достойным по роду и поведению, отважным и честным, образовнным и воспитанеым. Ведь если в стране царит беспорядок, что толку жениться и работать? Все оказывается слишком непрочным, когда «царь» - марионетка в руках пройдох. Доверчивый простак слон прельщается царством из тщеславия, подобно жадному путешественнику, и тоже находит бесславный конец: увязает в трясине и гибнет в пасти хищника.

«Образовательный процесс» позволяет произнести важное наставление в короткий период между снятием маски и нападением. Так, путешественник размышляет в лапах тигра: выказанная ученость – вовсе не повод доверять злодею, ибо только врожденный характер определяет поведение. Познание этики без его воплощения в действии подобно непрасному тяжкому грузу, в который превращаются украшения на бесплодной женщине. При встрече с каждым человеком надлежит докапываться до его внутренней сущности, а не доверять проявляемым качествам. Низменные свойства можно скрыть, тогда как сущность характера всегда неизменна, хотя и запрятана глубоко в недрах личности. Но означают ли бесконечные сомнения, что лучше вообще никому никогда не доверять? Нет, «нехорошо человеку оставаться одному». Вопрос только в том, кому именно стоит доверять. Даже шакал считает нужным посетовать напоследок над участью слона, и он с насмешливым оскалом произносит сакральную формулу взаимности: *«Если ты лишен общества добрых людей, то неизбежно повстречаешь негодяев...»*

«Кодовый замок» сердца

Можешь полагаться без всякого страха
На умелого повара, достойного монарха,
Беспрекословную жену, послушного сына,
Старого друга и пришедшего с повинной.

Парапсихологи выделяют только два пути, которыми можно проникнуть вовнутрь ауры другого человека: вызвать желание или страх, то есть некий отклик изнутри. В любом случае, человек открывается сам и только сам – насилие «не работает». Но, как мы видели, чтобы вызвать не просто внутреннее доверие, но и реальный отклик, важно установить не только личную взаимность, но и добиться согласия окружающих. Всякий человек окружен людьми, и никакая новая встреча никогда не происходит в вакууме. Вопрос взаимоотношений редко решается двумя людьми без оглядки на то, что скажут или хотя бы подумают другие. Наиболее явно такой конфликт проявляется в избирательных отношениях – брак и любовь. Допустим, вы влюбились, а объект вашей страсти, хотя и проявляет к вам благосклонность, не в состоянии нарушить уже установленные отношения. Что остается делать? Нити-шастра позволяет действовать так, чтобы добиться желаемого, не преступая ничьей воли. Снова повторяется назидание: жадность – корень греха и причина погибели! Именно на жадности человеческой проще всего сыграть, чтобы косвенно заставить окружающих поступиться привязанностями и даже брачными узами.

В некотором царстве жил да был принц, которому царь поручил управлять городом. Однажды юноша осматривал свои владения, и взор его упал на прекрасную девушку, невесту богатого купца. Сраженный наповал стрелой любви, принц вернулся во дворец и сразу же направил в дом красавицы служанку с любовным посланием. Девушка, заметившая принца, тоже полюбила его с первого взгляда, но ответила служанке с достоинством: «Я верная жена, и мне положено делать только то, что муж мне велит!» Вернувшись во дворец, служанка убедила принца послушаться ее совета. Приблизив купца ко двору, принц сделал его своим

119

поверенным во всех делах, а однажды попросил приводить ему каждую ночь по молодой девушке из богатой семьи. В первую ночь купец спрятался за ширмой и наблюдал в щель, как принц усадил девушку на место богини, всю ночь совершал обряды почитания, а утром со щедрыми дарами отправил домой. Охваченный жадностью, следующей же ночью купец привел во дворец собственную жену и снова спрятался за ширмой. Как только принц с красавицей остались наедине, они бросились друг другу в объятия и возлегли на ложе. (1.8)

Только до тех пор остается мужчина на пути праведности, утверждается в нити-шастре, пока его проницательный взор не ослепит сияние глаз прекрасной девицы. Вот почему в «Хитопадеше» порицается низменная природа женщины, которой присуще множество изъянов: лживость, тяга к приключениям, непредсказуемое поведение, ревность, непомерная жадность, нечистота и невежество. В конце концов, «взаимная дополнительность» в склонности к падению достигает крайнего выражения в заключении: мужчина – огонь, а женщина – масло, и мудрецу следует держать их подальше друг от друга. Вводимый здесь *кодекс верности* определяет границы женской чести, ибо во всем «виновата женщина». Взаимность в браке, по индийским представлениям, не ограничивается самим фактом совместной жизни. Только такая женщина считается верной женой, которая дарует своему супругу сыновей, почитает мужа как источник жизни и предана ему до последнего вздоха. Когда муж доволен женой, все боги благословляют праведную женщину, - таков критерий верности. Преданной жене вовсе не нужно совершать богопочитания в храмах, а достаточно поклоняться мужу, словно воплощению бога.

Но взаимность в браке безусловно содержит в себе подспудные противоречия, которые заставляют искать более удовлетворительной взаимности, что приводит к измене. Поиски взаимности на стороне означают падение, а согласно нити-шастре, *причины падения* верной жены таковы: независимость, частое посещение дома родителей, неумеренное веселье на празднике, болтовня с мужчинами, нарушение правил поведения, поездки зарубеж, случайные контакты с падшими женщинами,

Нити-Шастра: «Панчатантра» и «Хитопадеша»

рассеянность, старость мужа, супружеская ревность и долгие отлучки хозяина. Далее выделяются главные *условия измены*: питие вина, доверие обманщикам, отсутствие мужа, прогулки в одиночестве, ночлеги в гостинницах, временное пристанище в чужом доме. Да и вообще, женщина способна сохранять верность мужу только в трех случаях: когда не найти подходящего места для измены, когда нет ни минуты свободного времени, когда никто не пытается ее соблазнить. Иными словами, взаимное притяжение не требуется устанавливать, ибо оно проявляется изнутри, достаточно только создать необходимые условия.

В некоем городе проживал богатый купец, наживший огромное богатство и достигший весьма преклонного возраста. Будучи уже стар, он воспылал страстью к молоденькой дочери своего компаньона и добился ее руки, благодаря несметному богатству и положению в обществе. Однако юная красавица не могла удовлетвориться ролью верной супруги старика и вступила в связь с молодым купцом, не дорожа честным именем. Однажды они возлежали на ложе, ведя сладкие беседы, как внезапно вернулся домой муж. Жена сразу вскочила с постели, бросилась ему навстречу, обвила его руками и принялась целовать. Пока она завешивала лицо мужа своими пышными волосами, тем временем любовника и след простыл. (1.6)

Странное поведение всегда исходит из определенной причины. Так, если молодая жена бросается страстно обнимать-целовать старого мужа, то можно нисколько не сомневаться, что на то имеются очень веские основания, далекие от проявления чувств. Неравный брак – это самый очевидный парадокс взаимности, ибо старик, по индийской поговорке, «неспособен насладиться любовью, подобно беззубому псу, облизывающему снаружи сочную мозговую кость». Всякий человек стремится к богатству и долголетию ради бесконечного наслаждения, а на склоне лет молодая жена становится дороже жизни. Вот почему старый муж склонен «закрывать глаза» на проделки своей жены, лишь бы она сохраняла внешнюю видимость послушания. Воистину, чего не добиться доблестью и удалью, легко заполучить хитростью, тем более что многие люди, а не только «рогоносцы», готовы удовлетвориться «худым миром», видимостью согласия. Произнесение определенных слов очень важно, а нередко высказанное мнение оказывается важнее, нежели совершаемые действия. Попробуйте обнять мужа со словами «Я тебя не люблю», а ведь обратное удается весьма часто, и при уверениях в преданности можно делать все, что угодно.

«Дурак верит словам больше, чем делам», - так нити-шастра, настраивающая человека на мирской успех, перечеркивает все увещевания индийской философии кармы, согласно которой помысленное первично, а событийное вторично. Умный человек должен не столько слушать, что ему говорят, сколько оценивать реальные поступки и заключать по ним о характере человека, с которым предстоит иметь дело. Обыватель по преимуществу глуп, и чаще всего именно произнесенная речь служит «кодом» от сердечного «замка», который заставляет его отмыкаться. Даже когда преступление совершается прямо перед его глазами, глупец удовлетворяется сладкими речами. Таким образом в следующей истории получается уже «двойной парадокс» на пересечении двух взаимностей: жена с любовником лежит в кровати, а муж затаился под кроватью. Тем не менее слова жены заставляют любовника чувствовать себя глубоко несчастным и отверженным, а наивного мужа приводят в полный восторг. Конечно, две взаимности не могут сосуществовать в одно и то же время, если не находятся в разных плоскостях реальности – слова и дела.

Жена возничего прослыла распутницей на всю деревню, и он задумал ее проверить. Однажды утром он объявил ей, что съездит на пару дней в соседнюю деревню, а сам тайком прокрался в спальню и забрался в темноте под кровать, желая воочию убедиться в измене. Проведав об его отсутсвии, любовник в тот же вечер явился на свидание. Настала ночь, легли они в постель, но жена случайно наступила на торчащую из-под кровати мужнину ногу. Сразу догадавшись, в чем дело, она сильно опечалилась, и любовник стал допытываться, в чем дело. Тогда она села на постели и посетовала: «Муж мой отправился в далекую деревню, спит сейчас в чужом доме, и я беспокоюсь, накормили ли его хорошенько... Иногда я тешусь с тобой, подобно тому как меняю наряды и украшаю волосы цветочными гирляндами, но мое сердце всецело принадлежит моему господину! Ты приходишь и уходишь, а муж неотлучно сопровождает меня по жизни, словно само дыхание...» Заслышав речи жены и возрадовавшись, как сильно она его любит, муж вскочил на ноги, подняв на голове кровать с любовниками, и принялся танцевать от восторга. *(3.7)*

Какими же речами возвращает неверная жена полное и безоговорочное доверие своего мужа, невзирая на очевидную измену? Очень простыми: она продолжает излагать *кодекс верности*, возводя его принципы в статус этических максим. А именно, жена должна продолжать кротко взирать на мужа с любовью, даже если он оскорбляет ее последними словами, метая в гневе гром и молнии. Жена должна сохранять преданность мужу независимо от того, живут они роскошно в богатом городе или прозябают в забытой богом деревне. Муж – самое дорогое украшение женщины, пусть у нее нет изысканых нарядов, а без мужа и красавица никому не покажется привлекательной. Жена должна принимать решения мужа и следовать за ним во всем, тогда их жизненный путь продолжится наслаждением на небесах. Наконец, взойдя на погребальный костер мужа, добровольно последовав за ним после смерти, даже закоренелая грешница очищается от всего содеянного ранее и заслуживает посмертной награды... Иными словами, искренни вы или нет, секрет неотразимого влияния на другого человека прост: если вы хотите завоевать чье-то сердце, достаточно уверить его в своей безотчетной преданности. *Взаимность начинается всегда с той стороны, которая в конечном счете «выигрывает».*

Тот, чей разум работает безотказно, способен преодолевать все новые трудности даже при возобновлении проблем, усугубляющихся с каждым разом. Когда вам приходится примирить не две, а три и все нарастающее количество «взаимностей», изворотливость ума позволяет это сделать. По индийской поговорке, «никогда не насытится огонь дровами, океан реками, бог смерти душами живых существ, а испорченная женщина мужчинами». Как обычно, нити-шастра преподносит нам негативный пример, позволяя придти к правильным выводам уже самостоятельно. Любовный четырехугольник оказывается лучшим образцом появления «четвертого измерения» в пространстве доверия, а женщина владеет неевклидовой геометрией в совершенстве, благодаря иррациональному мышлению. «Хитопадеша» доказывает, что женщиной невозможно управлять никакими путями - ни дарами, ни почестями, ни служением, ни оружием, ни предписаниями. В результате, «хищнице» удается сохранить доверие не только двух, но и трех мужчин, преподнеся каждому из них ситуацию в наилучшем свете.

В одном городе жена пастуха обладала испорченным нравом и крутила романы в одно и то же время с городским судьей и его взрослым сыном. Однажды она наслаждалась любовью с сыном судьи, как внезапно раздался стук в дверь – это явился судья, желавший разделить с ней ложе. Спрятав сына в шкаф, порочная женщина принялась ублажать судью, но тут снова донесся звук шагов за дверью – это вернулся муж. Не растерявшись, неверная жена велела судье: «Хватай палку, размахивай ей, кричи и ругайся, а главное – беги отсюда побыстрее!» Тому ничего не оставалось, как послушно исполнить столь нелепое требование. Повергнутый в изумление муж обратился к жене за разъяснениями, что происходит у них дома в его отсутствие. И вот что он услышал в ответ: «Милый мой, этот злодей судья постоянно бьет дома своего сына, а сегодня он даже погнался за ним с палкой по улице. Не зная, куда деваться, тот заскочил к нам в сени, а я спрятала его в шкаф. Не найдя в доме сына и не зная, куда тот подевался, судья был в страшном гневе, потому и ругался. Теперь мы можем выпустить беднягу-сына на свободу!» С этими словами жена открыла шкаф, и сын судьи со всех ног бросился на улицу. (2.7)

Философски образованному человеку хорошо известно, что объяснить можно все, что угодно и как угодно. Как же распознать, удалось ли вам проникнуть в сердце другого человека, пока между вами не произошел вполне откровенный разговор? Кроме развития внутреннего чувства, в нити-шастре выделяются четкие внешние признаки благосклонности и равнодушия, по которым вы можете судить об успехе или поражении, игнорируя словесные хитросплетения.

- *Принятие* выражается в следующей манере поведения: вас узнают издалека и встречают открытой улыбкой, вежливо отвечают на любые неловкие вопросы, восхваляют ваши достоинства в ваше отсутствие, вспоминают вас даже при крайней занятости, наслаждаются вашим обществом, не имея ни малейшей нужды в вас, поощряют вас добрыми словами, обращают внимание только на ваши хорошие стороны, закрывая глаза на недостатки.

- *Лицемерие* удается распознать во внешнем поведении по бурным реакциям при частичной вовлеченности в процесс общения. Обманщик радостно восклицает, завидев вас издалека, но взор его опускается вниз при вашем приближении. Например, он часто сидит на половине стула, и непонятно, то ли пытается пододвинуться ближе, то ли намеревается встать и уйти.

- *Равнодушие* проявляется главным образом в бесконечных обещаниях, которые никогда не выполняются.

Однако не забывайте, что все парадоксы взаимности создаются при несоответсии внешнего и внутреннего, вот почему далеко не всегда работает «физиогномика». Что бы ни происходило между вами по внешней видимости, взаимность – это нечто преимущественно «для внутреннего употребления». Доверие позволяет нам пользоваться вещами друг друга, словно своими собственными, а в какой то мере и «использовать» друг друга. Из сердечной связи вырастают совместные хлопоты – это нормально в житейском понимании, хотя и до определенной черты. Посмотрим теперь, как нити-шастра объясняет и решает проблему «вещизма», отравляющую многие искренние отношения, поначалу основанные на «безусловном принятии», а затем зашедшие в тупик из-за необходимости «безусловной самоотдачи».

Культура «употребления»

Все, чем мы успели поделиться,
Доставляет вечное блаженство.
Сундуки, не переставшие ломиться,
Редко достаются «по наследству»...

Все мы в той или иной мере используем выказанное расположение в нашу пользу, находя в близком общении определенные выгоды. И во взаимном «употреблении» еще в древности выработалась своеобразная культура, позволяющая нам оценить, до какой степени можно безболезненно пользоваться друг другом. Так называемая «потребительская культура», которую стараются привить в современном обществе, предполагает учитывать интересы других людей. Накопления на банковском счету выступают как опосредованная форма воздействия на ближних, где неизменно работает старинное правило: *следует накапливать, но никогда сверх меры!* Всегда существует некая грань, за которой молчаливое согласие, участливое терпение или просто нежелание противодействовать, кончается. Тогда все вокруг, за счет кого вы пополняли подпольные «запасы» (денег, вещей, чувств, идей, откровений), в конце концов скажут: «Довольно!» - и вы потеряете все «сундуки». Стяжательство нарушает равновесие взаимности, и это происходит быстрее, если каждый тянет одеяло на себя. Нам трудно распознать злоупотребление доверием в чувствах, вот почему в нити-шастре принято показывать его наглядно и «вещественно».

В одном городе стоял дом, где останавливались на ночлег отшельники, а один из них жил там постоянно. После насыщения пищей, собранной как подаяние, он имел обыкновение подвешивать отатки под потолок и ложиться спать. Но мышь повадилась запрыгивать в чашу для подаяния и питаться вдоволь, а также утаскивать часть за обшивку стены, где постепенно скопились изрядные запасы. Однажды к отшельнику пришел гость, а во время беседы тот принялся колотить палкой по полу. Гость возмутился: «Почему ты меня не слушаешь?» - а хозяин раздраженно откликнулся: «Отгоняю мышь... Это сущий злой демон, отнимающий у

126

меня пищу!» Гость подметил, как высоко удается мыши запрыгнуть, и он сразу предположил, что такую силу может дать только богатство. Тщательно исследовав стены дома, он нашел мышиные запасы и вернул их хозяину. Несчастная мышь, лишенная всего имущества, уже не могла допрыгнуть до потолка, чтобы добраться до пищи. Дабы избегнуть голодной смерти, пришлось ей оставить дом и перебраться в поле. И только благая карма прошлых жизней помогла ей преодолеть трудности переселения и обрести новых друзей. (1.5)

Недостаточно добиться взаимности, нужно продолжать поддерживать отношения, а это несравнимо более сложная задача. Мало поселиться в чьем-то доме, а нужно и впредь вести себя так, чтобы не оказаться на улице. «Брак по расчету» – классика индийской культуры взаимности, ибо только точный расчет может быть поводом для прочных взаимоотношений. Богатство превозносится как венец добродетели на жизненном пути: знание наделяет терпением, терпение позволяет обрести заслуги, почтение сопровождается обогащением, а щедрые пожертвования богам приносят счастье. По индийской поговорке, «лучше жить в глуши с тиграми, питаясь одними плодами и кореньями, ночуя под деревом на копне травы, нежели терпеть бедность среди людей». Богатство действительно дает нам огромные преимущества во всех сторонах жизни: обладая достаточными средствами, вы можете помогать друзьям, обзаводиться семьей, получать образование... Однако при накоплении имущества очень опасно пытаться «использовать» людей целиком. Человек, превращающий всех вокруг в средство пополнения своих запасов, скоро сам пополнит собою чьи-то закрома. В «Хитопадеше» отношения между людьми часто представлены как противостояние «хищников и охотников», но даже в этих сказочных «джунглях» действует закон умеренности.

Как-то пошел один охотник в лес за добычей и убил прекрасного оленя. Взвалив добычу на плечи, он направился домой, но тут навстречу ему выскочил кабан. Охотник бросил оленя и метко выпустил стрелу в кабана, но тот успел взреветь и всадить клыки в пах своему убийце, который сразу рухнул наземь, как подрубленное дерево. В яростной схватке они растоптали змею, и она тоже осталась валяться бездыханная. Наконец, на сцене появился шакал и зашелся от радости: «Ох, какой раскошный пир ждет меня ближайшие три месяца! Человека мне хватит на месяц, оленя с кабаном – на два месяца, да и змеи – на целый день... Сегодня я съем только тетиву лука, дабы утолить этими безвкусными сухожилиями острый приступ голода, а затем примусь за настоящик деликатесы!» Но стоило шакалу порвать зубами тетиву, как лук распрямился и ударил его в самое сердце, отчего он скончался на том же месте. (1.7)

Каждая новая связь порождает в нас подспудную надежду на новые приобретения. Нити-шастра учит не строить несбыточные планы: тот, кто предугадывает будущее или живет настоящим, всегда счастлив, тогда как мечтатель непременно погибнет. Предвосхищение будущего нарушает нормальное развитие событий, ибо вы грубо вмешиваетесь в складывающиеся обстоятельства своими настойчивыми мыслями, которые значительно отличаются от того, что должно вот-вот произойти. Пока вы праздно мечтаете, не просто проходит время, заведомо приближая вас к заветной цели. Алчность оказывает весьма сильное энергетическое воздействие, которое вызывает подчас противоположную реакцию. Всякий, кто наслаждается пустыми грезами о будущем благоденствии, оставляя в пренебрежении текущее положение дел, заслуживает осмеяния и порицания. Мечтательность есть не что иное, как неоправданное доверие в «тонкой» форме. В следующей истории из «Хитопадеши» нищий брахман сидит в мастерской горшечника, мечтая о том, как он организует успешный бизнес на поставках его сосудов, а спустя всего лишь час этот самый горшечник бьет его палкой и выгоняет на улицу. Такой вот парадокс мысленной взаимности. Конечно, брахмана охотно приютили под навесом от жары, но из этого еще не следует, что все вокруг может служить его быстрому обогащению.

На большом празднике нищенствующему брахману подали столько пищи, что он наполнил целую чашу и взял ее с собой. Укрывшись от жары под навесом возле мастерской горшечника, где тот хранил готовые сосуды, брахман поставил чашу перед собой. Зажав в руках палку, чтобы отгонять голодных собак, он погрузился в дремоту, предвкушая грядущие перемены в своей судьбе. «Поутру хозяйки пойдут на базар, и я продам готовую пищу за сто рупий, а на эти деньги накуплю сосудов у горшечника. Продам их подороже на базаре, а затем закуплю еще большую партию у горшечника. Сначала я буду перепродавать сосуды, а затем одежду и украшения. Накопив богатство, я женюсь на четырех женщинах, но буду отдавать предпочтение самой юной и прекрасной. Когда же остальные жены начнут ссориться между собой, тогда я возьму палку и отхожу их хорошенько!» Не на шутку рассердившись на будущих жен, брахман замахал палкой и вдребезги разбил стоявшую перед ним чашу, а также множество сосудов. Услышав шум, прибежал горшечник, а увидев груду черепков под навесом, побил брахмана и вытолкал на улицу. (4.8)

Опасно мечтать, когда вам нужно не только действовать, но и взаимодействовать. Тем не менее, следует быть крайне осторожными, пытаясь воспроизводить модели обогащения, успешно испробованные другими людьми. Вы не в состоянии учесть все факторы, которые приводят другого человека к успеху, особенно взаимность со стороны «высших сил» или влиятельных личностей, которой он заслуживает по неизвестным вам причинам. Сейчас появилось немало «смелых» руководств, «как стать богатым», но закон кармы остается неумолим. Деньги приходят не от вещей, и самое важное в бизнесе – желают ли люди вкладываться в ваше развитие, а это зависит от установленной взаимности, в этой жизни или прошлых воплощениях. Вы можете повторять одинаковые действия, но каждый из вас получит совершенно неожиданный результат, ведь рисунок ваших связей с людьми неповторим. Все, что снаружи кажется механической технологией, в большинстве случаев имеет скрытую подоплеку взаимоотношений, причем не только с людьми. Так, ничего не зная о благосклонности богов, обретенной годами богопочитания, а заметив только последовательность благоприятных событий, цирюльник решил повторить те же действия, и вместо обогащения потерял жизнь.

В одном городе жил кшатрий, который жаждал разбогатеть, поэтому почитал бога Шиву, подвергая себя суровому аскетизму. Когда милостью божией он совершенно очистился от грехов, во сне ему явился царь демонов и повелел: «Завтра утром, когда закончишь бриться, встань у ворот с дубиной в руках. Во двор зайдет бродячий монах, а ты должен его убить, не причиняя лишних страданий. Тогда он превратится в сосуд с золотом, и ты будешь жить безбедно всю оставшуюся жизнь». Все в точности так и случилось, и наблюдавшего за развитием событий цирюльника осенило: «Вот верный способ разбогатеть! Почему бы мне не последовать тем же путем?» С того самого дня каждое утро цирюльник выходил на крыльцо с дубиной в руках, поджидая появления бродячего монаха. Наконец, какой-то монах невзначай забрел во двор, и цирюльник без промедления свалил его наповал одним ударом. За совершенное преступление он был немедленно схвачен царскими слугами и прилюдно казнен на площади. (3.10)

Допустим, при первой встрече с человеком, вы не сделали роковой ошибки и не попались на своей или его жадности. Далее, надеемся, что вам удалось установить доверительные отношения, и вы начали совместную деятельность. Но время идет, нарастает тенденция к привыканию, и рано или поздно вы начинаете воспринимать близкого человека как один из шкафов в доме, куда вы складываете приобретения, чтобы в необходимый момент достать оттуда понадобившиеся вам вещи. Самое трудное во взаимности - удерживать в сознании инаковость другого человека, которая никуда не денется, сколько бы вы ни прожили вместе. Обретение друзей не разовый акт, а бесконечный процесс возобновления взаимности. Доверие имеет границы, а обоюдное согласование позиций находится в развитии: всякий момент решается заново, согласны вы в следующем пункте или проще договориться с кем-то другим. Вы непрерывно рискуете при каждом слове и жесте, что обретенный друг «передумает» и возьмется «переделывать». Но стоит ли бояться?

«Страх не помогает... Если бы страх помогал, имело бы смысл бояться», - любила повторять Индира Ганди, совершившая в своей жизни чудесное превращение из робкой девушки, стеснявшейся даже заговаривать при посторонних, в президента великой державы, управлявшего миллионами людей. Нити-шастра учит нас не как «приобрести» друзей, а как создавать дружественную среду всегда и везде, чтобы продолжать проводить собственную линию поведения. Опасливое человекоугодие, ревностная подозрительность к ближним – все это не спасает нас от расставаний, а только понапрасну отравляет отношения, ускоряя их завершение. Потери друзей составляют неотъемлемую часть саморазвития, и их тоже нужно уметь переживать, овладеть искусством расставания. *Важно не количество контактов, а качество связей.* Вовсе не постоянное пребывание в центре внимания служит критерием мастерства в общении, а умение соразмерять в своей жизни периоды одиночества и активного взаимодействия, точно определяя «начала и концы» совместной жизни. И тем более не нужно понапрасну пытаться лишать этого права своих близких.

Глава 2. Переживание потери

Как бы мы ни старались, никто из нас не застрахован от потери близких. Как бы ни были хороши вы сами, как бы ни любили вас друзья и родственники, случиться может все: измена, разлука, смерть... Нити-шастра учит не только обретать друзей, но и достойно переживать разрывы с близкими, произошедшие не по вашей воле, а в силу обстоятельств или из-за перемен «на той стороне». Вынести боль утраты, принять уход с пониманием, простить измену – все это непросто, а еще сложнее восстановить прежние отношения, пока теплится надежда. Допустим, вы согласны «отпустить» дорогого вам человека, но и в подобной взаимности нередко заключен парадокс: возможно, он вовсе не собирается вас покидать. Вполне вероятно, что вы попались на проделки злопыхателей, или не разгадали его затаенную «детскую» просьбу «Уговаривайте меня!» Западным психоаналитикам прекрасно известен каприз подсознания, заставляющий отталкивать другого человека только для того, чтобы спровоцировать его на уверения в любви. А бывает, что ваш друг просто не в силах больше выносить ваше вечное благородство, которым вы его буквально «раздавливаете», и пытается вызвать у вас реакцию раздражения, чтобы убедиться, что вы тоже обычный человек и с вами вполне можно находиться рядом. Когда вы «мужественно» произносите «Хорошо, уходи!», тем самым нередко именно вы сами оказываетесь виновником окончательного обрыва связи. Но ведь далеко не всегда... Как же отличить настойчивость от насилия?

Некий купец возжелал преумножить свое богатство торговлей, запряг в повозку двух буйволов, нагрузил ее товаром для продажи и направился в другой город. Путь пролегал через лес, и по дороге один из буйволов споткнулся о корягу и охромел. Не видя иного выхода, купец выпряг беднягу из повозки, оставил его в лесу, а сам продолжил путь. Постепенно буйвол освоился в лесу и поправился на сочной траве, достигнув внушительных размеров. Как-то раз лев направился к озеру испить воды и завидел издалека странное могучее существо, никогда не виданное им ранее. Царь зверей поджал хвост и спрятался в чаще, но его поведение не укрылось от взора двух шакалов – сыновей советника. Один из них оказался весьма предприимчив и решил воспользоваться растерянностью господина. Лев принял его благосклонно, и шакал сразу перешел к делу: «Стоит вашему величеству приказать что угодно, и для меня исчезнет разница между выполнимым и невыполнимым!» Покоренный лестью царь зверей с облегчением переложил на плечи шакала прояснение странного явления в лесу. Вызнав у льва причину тревоги, он направился к буйволу и приложил все усилия, чтобы привести его ко льву и принять «подданство». Лев был несказанно доволен, что опасность миновала, и впредь щедро делился с шакалами остатками добычи. Буйвол стал его другом, и жили они счастливо.

Однажды поутру буйвол поинтересовался у льва, где остатки добытого накануне вечером оленя. Царь зверей зевнул и лениво ответил: «Шакалы подобрали». Буйвол же заметил, что не подобает господину давать волю слугам, и постарался внушить ему жестче управлять подданными, чтобы они не осмелели и не свергли его с трона. Поддавшись на увещевания, лев отдалил шакалов от двора и принялся проводить все время в дружеских беседах с буйволом. Шакалам, конечно, все это не понравилось. Изголодавшись, предприимчивый шакал понял, что теперь буйвол не способствует, а мешает их благоденствию. Изловчившись застать льва в одиночестве, он открыл ему «по секрету», что буйвол замышляет «революцию», а потому и попросил отдалить от двора старых преданных слуг – шакалов. Сразу же после беседы со львом шакал разыскал буйвола и «по секрету» поведал ему, что царь зверей подружился с ним только для того, чтобы завоевать его доверие, а сам поджидает подходящего момента, дабы утолить им голод. В страхи и трепете ожидали лев и буйвол новой

133

встречи, а стоило им завидеть друг друга еще издалека, как каждый сразу понял, что другой настроен враждебно, и оба окончательно поверили словам шакала. В ужасной битве лев одолел буйвола, наелся вдоволь, а остатки бросил шакалам и гордо уселся на трон. (2.1)

Парадокс в истории о льве и буйволе создается вынесением субъекта взаимности за рамки взаимоотношений: оба видят то, что шакал преподносит каждому из них по отдельности, и ни одно из описаний не соответствует действительности. В итоге, оба уверены сначала во взаимной дружбе, а затем - во взаимной вражде. Низменная природа слуги проявляется в ревности к новому приближенному, которому отдают предпочтение. Слуга по определению лишен благородства, да и кто может считать «глупее» слуги, который кланяется ради возвышения, бедствует ради одаривания, рискует жизнью ради средств к существованию. Служение при ближайшем взгляде оказывается подвижничеством, трудновыполнимым даже для йогов. В нити-шастре вводится *кодекс служения*, включающий *кодекс учтивости*: не следует являться без приглашения, говорить в неподходящий момент и т.п.

Взаимное служение – модель взаимотношений, и нарушение правил сближения неизбежно ведет к охлаждению отношений и отстранению друг от друга. Служение выдает зависимость от другого человека, близкую к «смерти» личности, а успех в мирской жизни определяется степенью достигнутой независимости. Проще всего проследить эти законы на формально признанных отношениях господина и слуги, где акценты расставлены однозначно. Но помните: в любых дружеских связях вы должны совмещать в себе достоинства идеального «властелина чужого сердца», равно как и идеального «раба любви». При взаимном служении вас перестанет беспокоить проблема зависимости и стремление к обретению независимости. Истории «Хитопадеши» о том, какое поведение вызывает отторжение и неприятие, суть упрощенные примеры для освоения более сложных комбинаций согласований. Самый страшный враг взаимности – «демон желания», заставляющий давить друг на друга с целью получать все больше и больше.

«Передозировка» влияния

Плоть со спины друг друга поедая,
В каком мы оказались переплете:
Один звериный голод заглушает,
А у другого – жизнь на исходе...

Сдержанность – величайшая добродетель! Когда в нашей собственной семье все ладно, нам хочется поделиться секретами благополучия с соседями-неудачниками, у которых почему-то подобное счастье никак не складывается. В таком случае мы озабочены установлением доверия и взаимности не в собственных отношениях, а в «параллельных» связях. На самом деле наши пути никак не пересекаются, от нас ничего не зависит у посторонних людей, для которых мы вполне можем оставаться отрешенными безучастными наблюдателями. Однако неумолимая тяга встревать и давать советы знакома каждому, и немногие способны ей противостоять. Парадокс взаимности в сложной комбинации, где вырабатываются отношения во второй степени, или «отношения между отношениями», выражается в противоречивом правиле вмешательства в дела ближних. В нити-шастре утверждается, что следует давать советы лишь умным людям, способным ими воспользоваться, но не следует ничего внушать неблагодарным глупцам. Ведь в итоге, с полной неотвратимостью расплаты, отвечает за промах тот, кто принимает решение, а не тот, кто оказался неспособным воплотить его в жизнь. Невыполнимость данного вами совета может привести к заключению о недопустимости подобной модели благополучия, и тогда ваше счастье будет признано несостоятельным и разрушено. Все мы привыкли к обратному положению дел, стараясь содействовать неумелым и недальновидным, но мудрость такой линии поведения становится очевидна пострадавшим.

На берегу реки стояло раскидистое дерево, на котором гнездились птицы. Однажды пошел проливной дождь, и под деревом собрались продрогшие обезьяны. Наблюдая за ними сверху, птицы исполнились сострадания и принялись увещевать: «Бедные обезьяны! Мы свили гнезда из прутиков, пользуясь одним лишь клювом, а вы наделены руками и ногами... Отчего же вы не соорудить себе жилища?» Заслышав назидательные речи, обезьяны возмутились: «Эти наглые птахи сидят в гнездах, пока мы мокнем под дождем, да еще поучают нас! Подождите – вот солнце выглянет...» Как только упали последние капли дождя, разъяренные обезьяны мигом вскарабкались на дерево, разметали все птичьи гнезда и повыкидывали птенцов наземь. (3.2)

Риск неоправданного лидерства или слабого воздействия нуждается в дополнении *искусством распознавания*. Чтобы предугадать успешность нашего предприятия, необходимо исследовать сильные и слабые стороны, свои и чужие, дабы постичь разницу в расстановке сил. Принимая на себя «превышение полномочий», вы можете пострадать, если вас распознают те, кого вы собираетесь «подавить» одним своим видом. При взаимном согласии данного вида в подоплеке развития событий скрывается напряженное противостояние. Вы должны всегда и повсюду оставаться начеку, ибо машейшая оплошность легко выдаст ваше подлинное лицо. Какова бы ни была ваша истинная природа, вам будет непросто преодолеть ее проявления, особенно если вы вообще не находите нужным об этом заботиться. Как говорят индийцы, «провозгласите пса царем, но он нипочем не перестанет грызть туфли». Стремясь сделать головокружительную «карьеру», неплохо сначала основательно разобраться в том, насколько вы психологически готовы оказывать влияние, живя в постоянной бдительности, а также преодолевать сопротивление. Особенно опасно, если преувеличение вашей значимости – не ваш собственный выбор, и вы вообще плохо понимаете, что именно вам следует контролировать. Так, неразумный ишак, которого хозяин покрыл тигровой шкурой для отстрастки крестьян, безвинно погиб лишь оттого, что взревел по-ишачьему.

Был у одного горожанина осел, исхудавший от недостатка сочной травы на улицах города, и он решил отправить его пастись в луга, покрыв тигровой шкурой для защиты. «Крестьяне примут осла за тигра и не осмелятся прогнать его с луга», - справедливо рассудил он. Некоторое время его надежды оправдывались, так что осел совсем поправился и воспрял духом. Сторож поля лежал в засаде с оружием наизготовку, однако не решался вступить в неравный поединок с тигром. Но вот однажды издали донесся рев ослицы, и воспылавший страстью осел призывно взревел в ответ. Тогда сторож догадался, что под тигриной шкурой скрывается осел, выскочил из засады и метко выпустил стрелу из лука. (3.3)

Допустим, вы далеко не такой «осел» и более-менее неплохо научились управлять подчиненными, хотя в действительности не соответствуете занимаемой должности. Тогда вам будет очень нелегко сохранять баланс в отношениях между спонтанным стремлением завязывать естественные связи с людьми сходного склада мышления и необходимостью постоянно находиться в окружении тех, с кем вы просто не умеете правильно себя вести. Волевая перестановка в привычной расстановке сил по принципу *«свои – чужие»* отнимает слишком много энергии. Такой выбор редко оправдан, ибо вероятнее всего вы истощите свои силы в притворстве раньше, нежели успеете что-то реально в себе переделать. К тому же кроме доверчивых «чужих», которые по наивности охотно приняли вас за своего, остаются настоящие «свои», способные распознать вас без особых затруднений даже много лет спустя. И если вы добились взаимности с «чужими» за счет «своих», не сомневайтесь: вам этого не простят ни те, ни другие. Тот, кто оставляет своих близких и предпочитает сообщество посторонних людей, очень скоро пострадает от своего непостоянства. Так, перекрашенный в «небесный» цвет шакал был провозглашен царем, добился признания подданных, но потерял доверие и достигнутое влияние по собственной глупости - только лишь оттого, что стал подпевать шакалам, которые принялись «призывать» его дружным воем.

В уединенной пещере возле города жил шакал, и однажды он настолько проголодался, что его потянуло на дым людских очагов. Глубокой ночью он забежал во двор красильщика и угодил в бадью с индиго, откуда никак не мог выбраться. Тогда он решил дождаться утра и притворился мертвым, чтобы хозяин выбросил его на улицу. Обнаружив вскоре, что ему удалось приобрести великолепный небесный цвет шерсти, шакал почувствовал желание возвыситься над окружающими силой своего воздействия. Возвратившись в лес, он без труда завоевал преданность всех зверей и провозгласил себя их царем, посланным править ими самой богиней леса Бхагавати, снабдившей его целебными травами для помощи страждущим. В окружении свиты тигров, шакал явно стыдился присутствия сородичей и отдалял их от себя. Наконец, старый шакал решил проучить самозванца: он созвал всех шакалов, которые окружили «царя» и дружно залаяли. Заслышал лай шакалов, тот не удержался и принялся им подпевать, будучи не в силах скрыть свою низменную природу. Тигры распознали его подлинную сущность и, разъяренные от оскорбления, растерзали несчастного в клочья. (3.8)

Обратимся к более прозаическим бытовым ситуациям. Пусть вы не претендуете на царство, да и начальника из вас не получится, но почти во всяком индийском доме есть прислуга. Если *культура принятия обслуживания* для вас пока неактуальна, вы вполне можете воспринимать «слугу» метафорически, ведь почти неизбежно кто-то из ваших близких добровольно выполняет для вас подобные функции. В целом, российская культура обращения с личной прислугой, утраченная за годы насильственного равенства, только-только начала восстанавливаться. Для примера, сотрудница некой крупной испанской кинокомпании рассказывала мне, как у нее в доме гостил «русский йог». Как-то раз он позволил себе возмутиться, что «какая-то кухарка» смеет высказывать мнение, и хозяйка сразу же остановила его словами: «Позвольте! Во-первых, никакая не кухарка, а человек, который готовит вам пищу с любовью. А во-вторых, вы же сами начали с ней беседовать о высоких материях». Надо отметить, что чувство меры в общении с прислугой весьма развито в домах культурных образованных индийцев именно благодаря знакомству с нити-шастрой. Да и прирожденные шудры (работники) производят впечатление «воспитанных» людей, не делающих лишних движений, выполняя свои обязанности незаметно, но безупречно. Парадоксы взаимности, вскрывающиеся при извращенном общении господ со слугами, состоят в хитроумном сплетении помыкания с привыканием, которое достигает кульминации в третировании недопустимой близостью.

В одном городе жил купец, жена которого пала так низко, что вступила в порочную связь со слугой. Однажды она до того забылась, что поцеловала слугу прямо в присутствии мужа. Спохватившись, она обернулась к мужу и возмущенно произнесла: «Дорогой! Слуга наш так растолстел оттого, что поедает камфору, которую таскает из буфета! Я поняла это только сейчас, принухавшись к его рту...» Здесь возмутился уже слуга и в свою очередь заметил: «Господин! Кто будет служить в доме, где хозяйка поминутно обнюхивает всем слугам рты? Уж лучше я поищу себе другое место!» С этими словами слуга направился к выходу, но купец, не желая терять расторопного посыльного, уговорил его остаться, а жене велел не вмешиваться не в свое дело. (4.4)

Правила общения справедливого господина и верного слуги, как и прочие кодексы поведения, изложены в нити-шастре «от противного». В «Хитопадеше» встречается множество назиданий, как не следует вести себя слугам, а иначе «вот что выйдет...» Передозировка влияния, как ни парадоксально, чаще встречается со стороны слуги, нежели со стороны господина. В самом деле, у последнего много забот поважнее и немало сложных взаимоотношений с людьми, которые поглощают его внимание без остатка. При подобном положении дел разве только безучастное механическое третирование слуги в качестве самодвижущейся «машины для натирки полов» может быть воспринято как чрезмерное подавление личности. Для слуги, наоборот, чаще всего белый свет сходится клином на господине, который представляется ему источником всех благ и напастей. Вот почему слуга склонен добиваться влияния на господина, и поскольку господин воистину есть «раб раба», ему это в какой-то мере удается. Однако сам слуга в роли «господина господина» выступает не столь мастерски, как ему представляется. Ведь если бы он по настоящему умел управлять людьми, то очень быстро завоевал бы лучшее положение в обществе.

В конечном счете получается, что избыточного давления нам следует ожидать не только «сверху», но и «снизу», равно как и в свою очередь сдерживаться в обоих направлениях воздействия. И здесь возникает следующая проблема - правильное *определение «долга»*. Как утверждается в нити-шастре, лишь чувство личного долга отличает человека от животного, озабоченного исключительно сном, едой, сексом. Но здесь подразумевается не просто смутное чувство долга, а ясно и отчетливо осознанный круг обязанностей. Неодходимость действовать установленным путем должна быть принята самим исполнителем, а также признана окружающими. Ведь когда нет полной договоренности, кто именно должен делать это дело, тогда во взаимоотношениях нарастают и вскрываются противоречия. И в скором времени мы начинаем понимать: *не так страшно что-то недоделать, как перестараться...*

Исполнение чужого долга

Лучше плохо свершать свою дхарму,
Чем в чужой преуспеть, о Арджуна!
«Бхагавадгита».

Искусство адекватности, столь необходимое при нахождении в любом обществе, предполагает мгновенное схватывание истинного положения дел, позволяющее действовать по ситуации, а не по готовым шаблонам. Прежде всего, приходится быстро определять в целом, за что следует браться, а от каких действий лучше воздержаться. Наставления нити-шастры изобилуют примерами неадекватности. В каком-то смысле можно считать, что все парадоксы взаимности сводятся к личной неадекватности, причем нередко намеренной, ибо «юродивому многое позволено». Адекватность подобна виртуозности, иными словами, это не наука, а искусство: нельзя научить вести себя адекватно, но можно развивать точность реагирования. Вообще, «долг» в индийской культуре – понятие всеобъемлющее. Когда речь идет о *дхарме,* то есть долге домохозяина или воина, дело не сводится к выполнению определенного круга обязанностей. Суть дхармы - в усвоенной манере поведения, которая позволяет правильно себя вести, действовать достойно своему положению, а это касается всякого малейшего телодвижения. Человек же склонен «забываться» и начинать заниматься тем, что вовсе не должно попадать в поле его внимания. Всякий, страдающий паталогической озабоченностью, будет повержен, подобно обезьяне, которая по недоумию приложила все усилия вытащить забитый клин только ради того, чтобы посмотреть - что будет? А будет вот что...

В некотором царстве правитель затеял строительство храма, и однажды, когда рабочие отправились обедать, на возведенные леса забрались обезьяны. Среди незавершенных конструкций стояло бревно, распиленное вдоль, а между двумя половинами вставлена распорка. Играючи, одна из обезьян, проявляя природное любопытство, принялась вытаскивать распорку, прилагая все усилия. Наконец, ей это удалось, и как только распорка оказалась в ее распоряжении, обе половины бревна с невероятной силой сошлись вместе, так что обезьяна была мгновенно расплющена между ними. (2.2)

Критерием адекватного поведения в нашем контексте может служить способность устанавливать взаимность, избегая возникновения парадоксов. Для этого нужно тщательно следить, чтобы различные взаимоотношения не пересекались, а сферы влияния не накладывались друг на друга без предварительного согласия. Слуга должен придерживаться хотя бы двух правил, чтобы избежать положения между молотом и наковальней. Во-первых, всегда наблюдать за действиями господина и быть в курсе текущих нужд и повелений, а не оглядываться по сторонам, чем заняты «сотрудники». Во-вторых, ни при каких обстоятельствах не брать на себя добровольно выполнение чужого долга. Порой кажется, что оба правила вступают в противоречие и возникает потребность в проявлении инициативы. Особенно это касается ситуаций, когда становится очевидна угроза благосостоянию господина, от которого зависит благоденствие слуги. Тут уж каждый бросается сражаться «сам за себя», как будто не с позиции личного долга, а в свете высшей справедливости. Другим объяснением адекватности может служить сверхспособность действовать с позиции всеобщности, умение схватывать ситуацию в целом, мигом учитывая все хитросплетения взаимоотношений участвующих лиц. Но если адекватность долго остается незаметной и не оцененной по достоинству, то неадекватность приносит плоды сразу и с полной очевидностью.

В одной деревне хозяин вернулся с поля и после долгих забав с молодой женой уснул беспробудным сном. Так случилось, что именно той ночью в дом забрался вор, а на дворе дремали мул и пес. Заметив чужака, мул встревожено спросил пса: «Ты чего не лаешь? Зачем тебя здесь держат?» Пес зевнул и нехотя ответил: «Не вмешивайся не в свое дело! Разве ты не видишь: денно и нощно я стерегу дом, а хозяин забывает меня кормить, не видя ни малейшей опасности... Вот пусть теперь и прочувствует, насколько я ослабел от голода». Мул возмутился: «Добрый слуга служит не за плату, а из чувства долга! Если ты такой безответственный, то я сам разбужу хозяина...» - и громко заревел на весь двор. Разбуженный посреди ночи хозяин вскочил с постели, в гневе схватил дубину и избил мула так, что тот «распался на пять элементов». (2.3)

Отметим здесь, что в *кодекс служения* входит одна далеко не очевидная деталь: *важно быть нужным, а значит, необходимо держать покровителя в напряжении.* Эту мысль высказывает сторожевой пес, но она служит для построения сюжетов многих историй «Хитопадеши» и «Панчатантры». Явная неуместность исполнения чужого долга должна быть понятна на примере мула. Однако никогда не следует до конца исполнять даже собственный долг, если вы не хотите превратить его в чужой долг или самому в скором времени стать лишним. Для слуги чрезвычайно важно постоянно делать акцент на собственной значимости, иначе он останется без места. Тем не менее, остерегайтесь «халтуры». Самый верный способ третировать господина как «постоянного клиента» – делать все очень хорошо, чтобы вами были довольны, но при этом оставлять слегка недоделанным, чтобы возникала нужда в вашем мастерстве. Этим приемом, сознательно или бессознательно, пользуются все работники сферы обслуживания, а известен он с глубокой древности. Наверное, многим из вас хорошо знаком феномен «лучшего работника», который справляется с каждым заданием быстрее других. В итоге, у всех остальных всегда находится время попить чаю в свое удовольствие, а его постоянно заваливают самой срочной работой, с которой никто другой не справится. Как мы видим, индийская духовная мудрость: «Лишь на действие будь направлен, от плодов же его отвращайся», - обретает весьма приземленный смысл.

В северных горах в глубокой пещере проживал могучий грозный лев. Однажды ночью он был разбужен пробежавшей по нему мышью и в гневе ударил по ней лапой, однако та проскользнула меж когтей и скрылась в норке. Тогда лев направился в деревню и привел с собой кота, обещая по-царски кормить его остатками собственной трапезы, чтобы тот охранял его покой. Мышь больше не осмеливалась вылезать наружу, но непрерывно скреблась. Тихий шелест не нарушал глубокий сон льва и только по утрам напоминал ему о присутствии мыши. Зато шебуршание весьма тревожило чуткий слух кота, и в конце концов тот не выдержал – поймал и съел мышь. В пещере стало тихо, а спустя несколько ночей лев подумал: «Зачем мне теперь охранник?» - и съел самого кота. (2.4)

Точно так же нежелательно позволять кому бы то ни было перекладывать на вас свои обязанности, волнуясь при этом, насколько хорошо вы их исполните. Если же такое случилось, то имеет смысл стараться, и тем не менее лучше не слишком явно демонстрировать свои достижения. Положим, вы без особого труда справились с возложенной на вас миссией. Но в любом случае вы достигаете результата каким-то другим, свойственным только вам способом, который никак не укладывается в представления вашего «поручителя». А если учесть, что он заведомо волнуется, как идут дела, то всякой безудержное проявление торжества может быть истолковано совершенно превратно. Да и сами, когда вам необходимо подыскать доверенное лицо, чтобы поручить выступать от вашего имени, присмотритесь повнимательнее, насколько его стиль мышления схож с вашим собственным, иначе вас ожидают «странные достижения». Однако без тщательного разбора, что все-таки произошло, не следует обрушиваться на пойманного на месте преступления «вредителя». Нити-шастра учит не впадать в гнев, пока вы не исследуете досконально все факты и последствия. В противном случае, вероятно, вам придется сильно пожалеть – либо о перекладывании своих забот на чужие плечи, либо о хрупкости самих «плеч», а нередко и обо всем сразу.

Жил-был брахман, у которого был малолетний сын, а жена умерла. Нашел он возле дома детеныша мангуста, решил его выкормить и заботился, как и о собственном сыне. Однажды он получил от царя приглашение на священную церемонию, после которой ожидалась раздача даров. Поспешив в путь, брахман не нашел ничего лучше, как оставить сына под присмотром прирученного мангуста. Вскоре из норы выползла большая черная змея и направилась прямиком к колыбели. Мангуст заметил ее и в нем проснулся охотничий инстинкт: быстрее молнии бросился он на змею и одолел ее в отчаянной схватке. Когда брахман вернулся домой, нагруженный подарками, мангуст выбежал ему навстречу с окровавленным ртом, чтобы похвастаться победой. Но брахман, увидев хищный оскал и стекающую кровь, с ужасом подумал: «Этот злодей съел моего сына!» – и в гневе убил мангуста насмерть одним ударом. Но вот вошел он в дом и перед ним предстала мирная картина: младенец, играющий в колыбели, и растерзанная в клочья змея на полу. Скорбь и раскаяние сжали сердце торопливого брахмана, но воскресить мангуста было не в его власти. (4.13)

Наконец, при все более утонченном восприятии собственного долга, вы начнете различать не только, *что* надлежит делать, но и *как* принято делать подобные дела. В процессе исполнения долга важно следить за тем, чтобы «не меняться ролями» с актерами, играющими злодеев и негодяев, а еще лучше даже не находиться рядом с ними. Ведь все действия разворачиваются в присутствии того или иного свидетеля, который подчас не склонен разбираться, кто прав, а кто виноват. Если вы оказались в обществе негодяя, видимо, вы и сами замешаны в чем-то дурном, - так склонен рассуждать всякий нормальный человек, «не обремененный проницательностью».

Тот, кто принимает обманщика за честного человека, подобного себе самому, тем самым позволяет ему обхитрить себя. Равным образом, продолжая действовать честно в присутствии обманщика, вы даете шанс свалить на вас ответственность за содеянное. Выполняйте свой долг в надлежащее время и в подходящем вместе! Если вы совершаете добрые дела в обществе человека беспринципного, сторонний наблюдатель решит, что между вами есть взаимная договоренность, тогда как это снова не что иное, как очередной парадокс взаимности. Причастность зломыслию, как и проявления благорасположения, обладает внешними признаками, но никогда не сводится к пребыванию в одном месте в одинаковое время.

Причастность зломыслию

Чтоб мудро жизнь прожить, знать надобно немало.
Два правила запомни для начала...
Ты лучше голодай, чем что попало есть,
И лучше будь один, чем вместе с кем попало.

Омар Хайям

Согласно нити-шастре, не следует ни отправляться в дорогу, ни проживать по соседству с человеком злонамеренным. Испорченный нрав вечно заставляет такого человека втягиваться в дурные дела, а последствия приходится расхлебывать тому, кто даже ничего не подозревает о содеянном. Замышляя недоброе, злодей остается постоянно настороже и при малейшей опасности готов улизнуть, тогда как его сосед или попутчик уверен в своей непричастности к любым неприятностям и не задумывается о том, чтобы защитить себя. Однако зломыслие – заразная болезнь, которая передается путем постепенного втягивания в порочный образ жизни. При попустительстве, которое справедливо расценивается как соучастие, лекарство в виде «незаслуженной» расплаты дается, так сказать, «для профилактики». Тогда в следующий раз, а по индийским меркам – в следующей жизни, человек будет более осмотрительным. Рассмотрим сначала ту стадию вовлечения, при которой человек добродетельный просто находится рядом с человеком порочным. Между ними нет никаких взаимоотношений, никакого согласия, вообще никакой договоренности, но взаимность легко приписывается им по факту близости в пространстве и времени. Подчас ситуация усугубляется явной подлостью, когда чьей-то наивностью готовы воспользоваться – с выгодой или же для пустой потехи.

На высоком фиговом дереве жили вместе добрый лебедь и злая ворона. Как-то в знойный полдень проходивший мимо путник решил прилечь под деревом отдохнуть и заснул крепким сном. Заметив, что тень сдвинулась с его лица в сторону, лебедь заботливо раскинул свои крылья, закрыв его от прямых палящих лучей. Выспавшись, путник открыл глаза, сладко потянулся и зевнул. Не в силах выносить чужое счастье, злая ворона накакала сверху в открытый рот и улетела. Взглянув наверх, путник увидел на ветке лебедя. Ослепленный гневом, он без раздумий сразу схватил лук и выпустил стрелу, метко пронзив благородное сердце. (3.5)

С таким же успехом зломыслие может исходить от безразличного вам «третьего», занимающего позицию стороннего наблюдателя. Но каким бы «лишним» он ни казался, следует принимать во внимание подозрительность, которая всегда может перерасти в насильственные действия. Находясь во взаимоотношениях, которые устраивают вас обоих, следует всегда иметь в виду, как ваша связь воспринимается другими людьми. Однажды индийский духовный учитель сделал ученику выговор, что его видели с «женщиной», а тот попытался возразить, что он просто-напросто встречался с матерью. Но учитель резонно заметил: «Ты знаешь, что это твоя мать. Теперь я тоже знаю, что это твоя мать. Но ведь никто больше не знает, что это твоя мать... А станут говорить о твоей распущенности, отчего я потеряю у людей всякое уважение!» *Недостаточно иметь чистую совесть, нужно также позаботиться о чистоте вокруг себя,* - такова следующая грань житейской мудрости нити-шастры. Если вы чувствуете, что вы не в состоянии повлиять на поведение окружающих, лучше вовремя переселиться в другое место и не испытывать судьбу понапрасну. Пострадавшего волнует не восстановление справедливости, а возмещение ущерба, и ваша непричастность и добродетельность не будет оценена по достоинству. Тем более неосторожно играть на рискованном противопоставлении «себя хорошего» пойманному злоумышленнику: вероятнее всего, вы не выиграете по контрасту, а наоборот, попадете под горячую руку.

В незапамятные времена все птицы совершали паломничество на берег океана, дабы почтить птичьего царя – Гаруду. Направились туда и перепел с вороной, а устав от перелета, они на время примастились на краю сосуда с творогом, который несла на голове крестьянка. По пути ворона клевала творог, а перепел постился, как положено паломнику. Когда крестьянка опустила сосуд на землю, чтобы передохнуть, воровка-ворона немедленно взмыла в воздух, а перепел не чувствовал за собой никакой вины и неторопливо расправлял крылья. Но возмущенной хозяйке было не до того, чтобы разбираться, кто настоящий виновник ущерба. Не долго думая, она схватила нерасторопного перепела, принесла домой и приготовила из него отменное жаркое. (3.6)

После освоения правил поведения в относительно простых комбинациях из троих действующих лиц, знатоки нити-шастры посвящают нас в изощренные построения изворотливых умов, нарочно создающих ловушки для доверчивых простаков. Да и действуют такие хитрецы далеко не своими руками, а чаще играют в совершении преступления роль «посредников» между двумя сторонами. Как мы уже наблюдали в истории о льве и буйволе, ради собственной выгоды шакал превращает сначала врагов в друзей, а затем друзей во врагов, сталкивая их в поединке не на жизнь, а на смерть. Но подлые «шакалы» способны на еще более хитрые трюки, вмешиваясь в дружеские отношения так искусно, что низменное представляется благородным. Кроме прямого столкновения им удается вызвать эффект «жертвоприношения», при котором не просто сохраняется видимость дружеских отношений, а создается иллюзия взаимной бесконечной преданности. Парадокс взаимности достигает здесь небывалой глубины и силы, ведь в действительности до крайней степени доходит противостояние, а во внешнем проявлении до крайней степени доводится согласие и сближение. Но на самом деле «центр согласования» лежит в «третьем», который получает все выгоды от просчета глупца, который по наивности доверчиво решил поселиться в обществе хищников, уповая на «честное слово».

> *Проходя с караваном по лесу, купец потерял верблюда, а царь леса – лев обещал ему свое покровительство. Но на другой день слуги льва – ворона, шакал и леопард не могли поймать никакой живности, и лев изрядно проголодался. Тогда шакал предложил льву съесть верблюда, однако царь леса не желал нарушить данное им слово. Шакал же возразил: «Ты не нарушишь ни земной закон, ни небесный, если он сам принесет свое тело в жертву ради поддержания жизни своего господина и повелителя!» Лев согласился, и шакал собрал всех приближенных, чтобы объявить о бедственном положении, в котором может оказаться все звериное царство после смерти властителя и защитника. И он первым вызвался пожертвовать жизнью ради спасения государя, но лев, конечно, отклонил его благородный порыв. Затем ворона и леопард в самых изысканных выражениях умоляли льва поддержать свои силы, подкрепившись их плотью, но тот не тронул и их. Наконец, верблюд подумал: «Все это игра в благородство, в которой я тоже должен проявить себя достойно!» Стоило верблюду предложить себя в жертву, как лев одним ударом свалил его наземь, а насытившись, отдал остатки шакалу, вороне и леопарду. (4.11)*

И, наконец, *искусство управления сознанием* предполагает внедрение зломыслия в сознание человека, мыслящего не просто «положительно», а самым возвышенным и благородным образом. Всем нам знакомо, как сомнения окружающих заставляют нас колебаться в выборе, а их прямые нападки на то, что нам дорого, приводят к перемене в нашем собственном отношении. Опасно находиться в обществе людей с «дурным глазом», причем риск состоит не только в вероятности «сглаза», но и в явной заразности патологического мышления. Вы рискуете испортить собственный вкус к жизни, исказить прямой взгляд на вещи, донельзя извратить понимание их предназначения, усвоить себе «привычный вывих мозгов», а затем разносить заразу лжеистолкования дальше. Безусловно, установление взаимности в данном случае категорически противопоказано, и не случайно при первых попытках сбить вас с толку злопыхатели стараются сделать вид, что согласие между вами как бы само собой подразумевается. Они даже начинают не предположением: «Согласитесь, что...», а утверждением: «Конечно, это...» Как известно всякому, кто имел дело с экстрасенсами или оккультистами любого сорта, принцип внушения состоит в том, чтобы произносить заклинание непременно в настоящем времени, как нечто уже имеющее место в реальности. Гипнотизер не говорит: «Поднимите руку!», а словно констатирует факт, наблюдая за происходящим: «Ваша рука поднимается...» Вот почему, если обманщик продолжает действовать, как ни в чем не бывало, ему легко удается выдать желаемое за действительное.

В некотором царстве судьи вынесли приговор и стражники повели осужденного за город, чтобы повесить его на дереве. Неожиданно на пути им попался отшельник, который властно набросил полу своей одежды на несчастного и произнес: «Не следует лишать жизни безвинного человека!» Крайне удивленные стражники потребовали объяснений, и странник поведал им, как ему довелось стать свидетелем странных событий. Заночевал он как-то в одном доме, тогда как хозяин направился пить вино в кабаке, а жена в его отсутствие нарядилась и побежала к любовнику, оставив присмотреть за домом свою подругу. Когда пьяный муж вернулся посреди ночи и заподозрил неладное, он в помрачении рассудка принял подругу за собственную жену-изменницу и отсек ей нос. Вернувшись наутро и узнав о происшествии, настоящая жена разбудила мужа, восклицая: «О боги, свидетели истины! Если я верная супруга, пусть мой нос вернется на прежнее место!» Изумленный муж принялся просить у нее прощения, одаривать дорогими нарядами... Странник отправился просить подаяние в дом ее подруги, где его взору предстала такая картина: муж, торопясь по делам, крикнул жене подать ему бритвенный прибор. Но жена, которая после ночных похождений вернулась домой без носа, наскоро нашла только бритву и протянула ее мужу.

Тот рассердился, что она не собрала весь прибор, и не глядя запустил в жену бритвой. Схватившись за окровавленное лицо, жена закричала: «Полиция! Муж отрубил мне нос, ведите его в тюрьму!» Прибежали полицейские и схватили мужа, а судьи приговорили его к казни, но тут в дело вмешался странник... (2.6)

Личная заинтересованность всегда «превращает» одни вещи в другие, и почти все мирские люди – «колдуны с подмоченной репутацией». В этой истории странник представляется воплощением непривязанности. Только тому дано видеть вещи и события в истинном свете, для кого нет никакой необходимости в том, чтобы они казались теми или иными. Стоит захотеть что-то получить, как вы уже начинаете искажать реальность: в действительности эта вещь находится *там*, а вы намерены переместить ее *сюда*. Но всякая вещь «встроена» в соответствующее окружение, и стоит только стронуть ее с места, как вся «картина мира» к вашему ужасу начинает съезжать с полотна, обнажая серую холщовую подкладку небытия. Зломыслие всегда имеет источник, и когда его воздействие становится назойливым, начинает поглощать ваше сознание, приходится объявлять жестокую непримиримую войну. Противостояние – это парадокс в чистом виде, вот почему любая борьба временна и возвращает нас к взаимности, когда энергия недопонимания истощается. Однако разница между состоянием «до» и «после» войны весьма относительна: кривое равновесие превращается в равновесие, искривленное в другую сторону. *Война – это вскрытие парадоксов взаимности ради самой взаимности.*

Глава 3. Объявление войны

Как ни прискорбно, нам самим бывает совершенно необходимо перейти к военным действиям, когда парадоксы поверхностной взаимности накапливаются, подспудно переходя в острое и непримиримое противоречие. Тогда между близкими ранее людьми устанавливается взаимное согласие другого типа: «Мы не вместе». Однако отторжение друг от друга – не разовый акт, а долгий процесс, которым тоже нужно уметь управлять. Даже после расставания некогда близкие люди отличаются от всех прочих окружающих: «бывшая жена», «бывший друг», «бывший начальник»... Подобные отношения после передела территории и сферы влияния еще долго сохраняют некий статус взаимности, а не равнодушия. И снова возникают весьма своеобразные парадоксы: как ни странно, бывшая жена готова любить вас всю оставшуюся жизнь, а бывший начальник предлагает вам новую должность и т.п. *Вы боретесь за свободу, а обретаете всеобщее понимание и принятие* – таков, пожалуй, главный парадокс подготовленной войны против всех, которая неизменно заканчивается мирным договором. Помимо спланированных тактических действий случается вступать в войну немедленно, распознав «природного врага», с которым между вами не может быть ничего общего в принципе. Вы оба в одинаковой мере проявляете неподверженность влияниям, устойчивость в сохранении собственного мнения. Однако скоро обнаруживается, что даже в самой непримиримой борьбе вы начинаете уважать стойкость и мудрость друг друга, а отсюда возникает взаимное принятие. Объявление войны само по себе – решительный шаг, который имеет смысл совершать только тогда, когда просматриваются перспективы мира.

В славное царство водоплавающих птиц прилетел журавль и прямиком направился на прием к царю-лебедю. Тот благослонно его принял и выслушал долгий рассказ, как по пути журавль приземлился в царстве сухопутных птиц и его представили царю-павлину. Услышав о славном правлении лебедя, павлин возжелал завладеть его страной и послал журавля объявить, чтобы тот покорился или готовился к войне. А вслед он снарядил и собственного посланца–попугая с подтверждением своего намерения. Царь-лебедь принялся совещаться с министром-гусем, и порешили они вызнать силы противника, заслав журавля обратно в стан врагов, а там временем строить форт на острове. Тем временем прибыл попугай, а также, откуда ни возьмись, прилетела ворона, выражая желание встать на сторону царя-лебедя. Остудив порыв вороны свернуть шею попугаю, который объявил ультиматум царя-павлина, министр-гусь с достойными почестями и дарами отправил гонца обратно. Добравшись до царства павлина, попугай до небес превознес царство лебедя, и министр-коршун посоветовал не торопиться, а провести смотр своих сил. Однако царь-павлин не внял совету и сразу позвал астролога, чтобы назначить день наступления.

С этим сообщением журавль бросился к царю-лебедю и донес, что в их стан враги тоже подослали лазутчика. Подозрение министра-гуся сразу пало на ворону, ведь она по природе не может быть другом водоплавающим птицам, но царь-лебедь взял ее под свое покровительство. Но министр-гусь заверил, что ничего не стоит одолеть царя-павлина, который пренебрегает советами своего министра, поэтому победа царю-лебедю обеспечена. Гусь отдал приказ перейти в наступление, и они легко разгромили основные силы царя-павлина, готового бежать без оглядки в пределы своей державы. После поражения министр-коршун обратился к царю с прошением предоставить ему малое войско, чтобы перейти в наступление на форт, и тому ничего не оставалось, как положиться на волю богов. Ночью вороны слетелись по приказу коршуна к укрепленным стенам и подожгли деревянные постройки, а вслед за тем войско бравых петухов штурмом взяло крепость. Одолев противника, министр-коршун советовал царю не задерживаться на территории покоренной страны до сезона дождей и вернуться с добычей в свое царство. (3.1)

Хотя здесь война происходит между целыми странами, судьбы народов решаются в противостоянии личностей, которые осторожны в выражении своих мыслей при посторонних. Все строится на взаимном согласии или несогласии, и даже совет царя с министром происходит наедине за закрытыми дверями, чтобы по внешним признакам никто не догадался об их намерениях. Война представляется открытым противостоянием, но выигрывает в ней тот, кто скрывает свои намерения, вскрывая планы противника. *На войне решается не кто сильнее, а кто умнее.* В самом разгаре битвы министры увещевают правителей: «Следует стремиться победить врага посредством мира, даров или внедрения разлада в его собственном стане – всеми средствами или одним из них, но никогда не путем кровопролитной битвы!» Заключение мира «на равных» (по нити-шастре это единственный настоящий мир среди нескольких десятков разных способов примирения, известных индийским политикам) происходит именно тогда, когда оба министра враждующих сторон оказываются в состоянии восхититься тактикой друг друга. Среди мирных средств улаживания конфликта в «Хитопадеше» распростанено обращение за помощью к могущественному покровителю или применение верной тактики отступления. Однако подчас подобные стратегические действия наталкиваются на «подводные камни», и тогда наступает время открытой решающей битвы.

Привлечение покровителя

Надлежит всегда держать солнце со спины,
Огонь в очаге разводить прямо перед собой,
Покровителя располагать к себе доверием,
В мир мертвых вступать без лукавства...

Суть обращения в «высшие инстанции» состоит в так называемом «отчуждении субъективности», которое происходит путем включения себя в более значимое целое. Сначала вы подтверждаете свое доверие верховной власти, активизируя тем самым взаимность, которая в принципе существовала, но не была действенной. Когда же вам удалось заручиться поддержкой высшей силы, она устанавливает взаимность между вами и той противостоящей стороной, с которой вы вступили в конфликт.

153

Данная тактика отличается от обычного вмешательства «третьего», чаще всего бесполезного и порицаемого, именно совмещением уровней иерархии. Здесь «третий» не встревает между вами и противником, создавая еще больше проблем во взаимопонимании, а заведомо находится над вами обоими, обладая верной позицией и достаточной силой для вашего объединения. Разница лишь в том, что вы уже добровольно объединились с вершителем правосудия, а вашего противника заставят это сделать. Можно обращаться за помощью напрямую, если вы уверены в покровителе, или привлекать нужное влияние косвенным путем и даже создавать иллюзию наличия у вас могущественного заступника. Но будьте крайне осторожны во втором и третьем случаях, выбирая того, чьему воздействию вы неизбежно подвергнете не только своего врага, но и самого себя. Прямое заступничество – это наиболее показательный и действенный прием, и ваше счастье, если вы можете им воспользоваться с полной уверенностью в успехе.

Пара мелких птичек жила на берегу океана, а когда пришло время откладывать яйца жена попросила мужа найти тихое укромное место. Когда же он ответил, что прямо здесь и есть самое подходящее место, жена пробовала возразить, что волны то и дело захлестывают на берег. Муж заметил: «Разве я настолько беспомощен, что океан способен навредить нам?» Жена смирилась, а разбушевавшийся океан вскоре смыл волнами отложенные яйца и унес в глубину. Очень горевала несчастная мать, а отец принялся размышлять, как победить океан и вернуть детей. Он поведал сородичам о своем горе, и все птицы вместе полетели жаловаться на океан своему царю – Гаруде. Выслушав подданных, царь обратился к богу Нараяне - творцу, хранителю и разрушителю всего во Вселенной – с просьбой восстановить справедливость. И верховный бог повелел океану вернуть исстрадавшимся птицам унесенные яйца. (2.10)

Когда вам не приходится рассчитывать на благородство покровителя, все же вы можете привлекать могущественное заступничество на свою сторону косвенным образом. Причем, вам вовсе не обязательно и даже не желательно обращать чье-то внимание на ваше безнадежно бедственное положение. Достаточно только найти уязвимое место в обороне врага, а затем вызвать у того, кто наделен достаточной силой и неоспоримой властью, необходимость расправиться с ним в собственных интересах. Ни тот, ни другой могут даже не догадываться о вашей сопричастности к их взаимному столкновению. Если вам сразу удалось обнаружить реальный изъян в модели поведения врага, тогда достаточно направить на него внимание грозного повелителя. Когда же долго не получается спровоцировать желанную расправу, а вы совершенно уверены в справедливости наказания, тогда остается одно – создать видимость нападения «снизу». При этом у вышестоящей власти должно остаться полное впечатление, будто ваш враг стремится вступить с нею в конфликт. Но в таком случае вам понадобятся «вещественные улики», а возможно вам придется совершать действия заведомо бесчестные, подбрасывая лже-факты в биографию врага либо даже ворованные вещи в его жилище. При крайней невыносимости существования можно считать такой поступок актом отчаяния, хотя изначально следует учитывать кармические последствия. В нити-шастре подобное коварство рекомендуется в качестве «последнего средства».

В ветвях дерева свила гнездо пара ворон, но они не могли защитить птенцов от посягательств змеи, поселившейся под деревом. Ворона заливалась слезами, переживая утрату за утратой, и однажды ворон сказал: «Хватит! Я долго терпел ее проделки, но уже настал срок расплаты!» Вытерев слезы, жена с надеждой посмотрела на него, поначалу недоверчиво осведомившись, как одолеть столь могучего противника. Ворон уверил жену, что при недостатке силы тела всегда можно победить врага силой разума, и она согласилась во всем его слушаться. Воспрявшие духом птицы полетели на берег реки, где совершал омовение царевич, сняв с себя дорогие одежды и украшения. Подхватив клювом золотую цепь, они унесли ее в лес и положили ее в змеиную нору. Стражники бросились на поиски пропажи, а разыскав украшение, убили змею, чтобы вернуть сокровище. С тех пор вороны зажили счастливо, наслаждаясь щебетом птенцов в гнезде. (2.8)

Но бывает и так, что вы остаетесь с противником один на один, и никакие высшие силы не собираются вступаться за вас ни прямо, ни косвенно. Тем не менее, вы можете попытаться использовать ловкий трюк с «мнимым покровителем», хотя в данном случае от вас потребуются незаурядные храбрость и сообразительность. Ситуация состоит в следующем: на самом деле вы совершенно беззащитны, однако внешне ведете себя так, словно за вашей спиной располагаются грозные полчища или всемогущие боги. Конечно, малейшая оплошность - и враг сразу разгадает надувательство... Наверное излишне объяснять, что впоследствии вас ожидает еще более жестокая расправа, нежели предполагалось ранее. Вот почему имеет смысл заранее как следует подготовиться. Сначала нужно создать полное правдоподобие покровительства на основе очевидных знамений или фактических доказательств. Далее, нужно быть искренне уверенным в правоте своего дела и неоспоримом согласии всякого вступиться за вас, если только потенциальный заступник оказался бы поблизости. И, наконец, следует убедить своего врага, что это покровительство вполне может распространяться также и на него, если он готов заключить с вами мир. Ведь вы не способны воздействовать реальной силой, а можете лишь угрожать от лица, в действительности несуществующего. Здесь все упирается во взаимность в чистом виде, а любые парадоксы губительны для договоренности.

Однажды в засуху стадо слонов, изнывая от жары, обратилось к своему вожаку: «О повелитель! Неужели нет никакого средства избавить нас от страданий? Здесь нет места для купания, куда нам направиться?» Тогда верховный слон привел их к чистому озеру, берег которого был сплошь изрыт кроличьими норами, и слоны потоптали их жилища. Опасаясь, что слоны будут приходить на водопой каждый день и совершенно изведут кроличий род, один старый мудрый кролик решил отвадить их раз и навсегда. Он вскочил на вершину холма и закричал вожаку слонов: «Эй ты, слушай посланника Луны! Так говорит госпожа: я – покровительница кроликов, а ты растоптал их жилища, чем несказанно прогневал меня...» Верховный слон помотал хоботом и заметил, что он не хотел ничего дурного, а так уж вышло по недосмотру. В ответ кролик приказал: «Раз так, поклонись госпоже Луне, чей лик дрожит от гнева в озере, успокой ее и поскорее покинь берег!» Обратившись затем к отражению луны на поверхности озера, раздробленному мелкой рябью, кролик молитвенно сложил руки и постарался уверить «госпожу», что слоны невредили по недомыслию и никогда не повторят прежней оплошности. Испросив прощения, слоны удалились, а кролики отстроили жилища заново. (3.4)

При всех преимуществах стратегии привлечения на свою сторону могущественных покровителей, вы должны в полной мере осознавать опасность заступничества. Ведь тот, кому вы доверяете защиту от врага, заведомо сильнее вас самих. Хорошо, если это благородный и великодушный властитель, а иначе вы сами моментально окажетесь в крайней опасности. Важно внимательно относиться к выбору тех, к кому вы намерены обратиться за помощью, тем более если речь идет о косвенном воздействии. Неосознанное заступничество должно быть искусно организовано таким образом, чтобы внимание грозной силы было привлечено только к вашему врагу и ни в коем случае не переместилось на вас. При подобных манипулящиях вам не обещено покровительство, и вы не можете быть уверены в дальнейших намерениях невольного «заступника», которым вы совершенно не в состоянии управлять постоянно. Вы способны создать лишь кратковременное побуждение, поэтому все производимые вами действия должны быть предельно точными и тщательно выверенными. Так, в «Хитопадеше» приводится другая версия истории о птицах и змее, которая на сей раз кончается весьма плачевно. Разница в исходе зависит только от выбора «средства воздействия»: птицы привлекают к змеиному гнезду внимание не царских слуг, а хищного мангуста. Все остальное в развитии событий остается практически тем же самым, однако в первом случае наступает избавление, а во втором – несчастье хуже прежнего.

В северной стране на склоне горы стояло дерево, в ветвях которого гнездились цапли. А в норе между корней того же дерева жила большая черная змея, которая повадилась поедать птенцов. Цапли то и дело проливали слезы, теряя детей, и однажды одна цапля догадалась, как избавиться от змеи. Она подхватила в клюв рыбешку и протащила ее по земле от норки мангуста до змеиного логова. Привлеченный рыбьим запахом мангуст сначала расправился со змеей, а затем добрался до гнезда и поживился оставшимися птенцами. (4.5)

Пострадать от необдуманных действий могут также близкие вам люди, а иногда – только они, тогда как вас несчастье миновало. Но ведь и это несладко. Взвесив все «за» и «против», нередко приходится счесть за лучшее вместо добровольного отчуждения субъективности оставаться полностью вменяемым в своих поступках. Когда же вы не хотите никого звать на помощь, а ваши собственные силы заведомо ограничены, вам остается только одно – отступить. Причем, вам предстоит именно отступить, используя правильную тактику, а не бежать без оглядки куда придется. Разница очевидна: в первом случае вы сохраняете силы и просто перемещаетесь в такое место, где вы можете хорошо устроиться, спокойно все обдумать, накопить силы для сопротивления. Во втором случае вы теряте даже самое необходимое, в спешке побросав все свое достояние на растерзание врагу, а тем самым, признав окончательное поражение. Помните: *отступление – это тактика, а бегство – это «бестактность»*. При отступлении вы сохраняете с противником определенные взаимоотношения, приковываете к себе напряженное внимание, а значит, между вами возможно продолжение диалога. При бегстве ваша связь рвется, и либо враг вообще перестает с вами считаться, либо ему ничего не стоит догнать вас и добить. Всегда используйте верную тактику отступления!

Верная тактика отступления

Как черепаха прячется под панцирь,
Перенося судьбы жестокие удары,
Так искушенный в выжиданьи царь
Возвысится мгновенно над врагами.

Перед перемещением на новое место, по правилам нити-шастры, следует десять раз подумать. Мудрый человек, как гласит индийская поговорка, «делает шаг одной ногой, а другой ногой продолжает прочно стоять на прежнем месте». Никогда не следует окончательно оставлять прежнее жилище, не исследовав хорошенько новое пристанище. В «Хитопадеше» подробно излагаются общие правила выбора места для переселения, и при отступлении желательно ими пользоваться, в прямом или переносном смысле. Прежде всего, следует избегать мест, в которых не развита культура общения и вам не окажут должное уважение, где не добыть достаточных средств к существованию и не встретить сородичей, а также нет возможностей для приобретения новых знаний. Опасно надолго задерживаться в местах, населенных людьми бессовестными и жесткими, даже если вы не намерены вступать с ними в контакт. Признаки места, наиболее подходящего в качетсве пристанища, таковы: надежный источник денежной ссуды, наличие многоопытного лекаря и брахмана, сведущего в сященных писаниях, а также полноводная река, обещающая обильные урожаи. В такое место можно перебираться смело и довольно быстро. Разумеется, при отступлении у вас довольно мало сведений о том, куда вы движетесь, поэтому желательно правильно выбрать хотя бы срок, в течение которого вам необходимо покинуть прежнее место, и линию поведения при подготовке к отходу. Кроме того, вы должны учитывать вероятность того, что вас застигнут врасплох.

В большом озере жили три рыбы, а однажды на берег пришли рыбаки, намереваясь забросить на следующее утро сети. Первая рыба догадалась об их намерениях и, предупредив друзей, решила немедленно перебраться в другое озеро по протоку. Вторая рассудила трезво: «Откуда мне знать, что случится со мной в другом озере. Придет время, тогда видно будет, что делать. Только тот поистине мудр, кто действует по обстоятельствам». А третья сказала: «Никогда не наступит то, чему не суждено сбыться, и невозможно предотвратить то, что предопределено судьбой. Почему бы не испить противоядие смирения, нейтрализующее яд беспокойства?». И вот наступило утро. Первая рыба успела перебраться в другое озеро, а утром рыбаки забросили сети и выловили всю рыбу. Оказавшись на берегу, вторая рыба притворилась мертвой, и ее выбросили обратно в воду. Третья же покорно возлежала в сетях, словно в гамаке, пока ее не выпотрошили и не изжарили. (4.3)

Очевидно, что успех в спасении приносят либо хорошо спланированные и вовремя осуществленные действия, либо умение проводить тактику уклончивого поведения в текущей ситуации. Пускать события на самотек – губительное попустительство, а если вы вынуждены согласовывать план отступления со своими близкими, вам придется их поторопить. Следует учитывать, что заведомо нереально очутиться в спасительном месте мгновенно, и вам предстоит проделать нелегкий путь, полный опасностей. Какие трудности могут встретиться на пути? Вероятно, вам предстоит передоверить свою жизнь другому человеку – некоему «проводнику», коего можно воспринимать в переносном смысле. Иногда обстоятельства складываются таким образом, что вы способны лишь осуществить выбор, а далее вам придется во всем полагаться на него, лишившись возможности направлять ход событий в процессе перемещения. Конечно, лучше самому оставаться своим «личным водителем», но и в таком случае вы продолжаете взаимодействовать с попутчиками и встречными. Хотя вы чувствуете, что вы вдалеке от непосредственной угрозы, рано считать себя находящимся в полной безопасности. По дороге может случиться все, что угодно, и тем опаснее перемещение в событийном пространстве, чем на большей «высоте» и с большей «скоростью» вы движетесь. Когда приходится почти мгновенно давать правильные ответы, лучше вообще воздерживаться от реакций.

В одном озере жили в большой дружбе два лебедя и черепаха. Однажды на берег пришли рыбаки, намереваясь поутру забросить сети, и черепаха попросила друзей не мешкая перенести ее в другой водоем. Не откладывая на следующий день, она объяснила, как следует осуществить перемещение. Путешественница вцепилась зубами в палку посредине, а лебеди подхватили палку за оба конца и полетели. Но когда они пролетали над деревней, их завидели люди снизу, и до слуха черепахи донеслись их пересуды между собой: «Вот как бы эту черепаху да изжарить и съесть! Славный был бы ужин!» Возмущенная черепаха обернулась и ответила: «Не видать вам жаркого!» В тот же миг она выпустила палку и упала к ногам крестьян, которые не замедлили приготовить отменное блюдо. (4.2)

Но не думайте, что все зависит только от ваших решений. Когда вы попали в беду, всегда найдутся мошенники, которые не захотят упустить случая воспользоваться чужой беспомощностью. Мы видели, как небезопасно привлекать покровителей, но точно так же встречаются коварные «помощники» при отступлении. Ваше желание переместиться в другое место могут легко использовать, чтобы нажиться на вашей поспешности или заманить вас в ловушку. Более того, сама необходимость куда-то передвигаться может оказаться ложной, нарочно созданной с единственной целью устранить вас на какое-то время и воспользоваться вашим отсутствием. Тщательно проверьте источник, из которого исходит сообщение о надвигающейся опасности: возможно, это просто паника, а возможно, вас решили «выжить» со старого места. Не исключено, хотя такое случается гораздо реже, что вас решили заманить в незнакомое место, где вы окажетесь совершенно беззащитным. Пусть вы далеко не первый человек, который решился последовать данным путем, все равно остается значительный риск неизвестности. Желательно, чтобы стратегия передвижения исходила от вас самих, но не следует забывать, что мошенники тоже это понимают и стремятся создать для вас видимость полной самостоятельности в решениях. *Когда вы торопитесь выжить, опасность для жизни только возрастает!*

На берегу озера жила старая цапля, которая подумывала, как бы ей найти легкий способ ловить рыбу, и, наконец, в ее голове созрел хитроумный замысел. Притворившись опечаленной, цапля уселась на берегу, и вскоре к ней подошел боком краб, дабы осведомиться о причинах ее печали. «Друг мой, - отвечала цапля, - как же мне не горевать, если скоро сюда придут рыболовы и переловят всю рыбу! Все равно меня ждет голодная смерть, оттого мне кусок в горло не лезет...» Слух о надвигающейся опасности быстро распространился по озеру, и рыбы взмолились: «Дядюшка! Спаси нас от верной гибели». Цапля пообещала, что она перенесет каждую по отдельности в другое озеро, глубины которого недоступны для сетей рыболовов. Все рыбы наперебой умоляли цаплю перенести их раньше остальных, и та позабыла, что такое голод. Каждый день она хватала рыбу, относила на скалу неподалеку и разделывалась с ней, так что постепенно вся скала покрылась рыбьими скелетами. Наконец, сам краб обеспокоился своей судьбой и попросил о спасении, а к тому времени цапле приелась рыба, и она решила отведать мяса краба. Подхватив своего старого друга, цапля понесла его на мрачную скалу. Завидев с высоты рыбье кладбище, краб догадался об ожидающей его участи. Не мешкая, он вцепился всеми клешнями в шею цапли, и скоро голова ее рухнула наземь отдельно от тела. (4.7)

Как мы отмечали, «отступление» зачастую можно понимать в переносном смысле - как уступчивость, мнимую покорность, выжидание подходящего момента и т.п. В нити-шастре встречается показательная метафора «отступления на одном месте»: змея возит на спине лягушек, намереваясь их съесть. Эта история имеет разные вариации в «Панчатантре» и «Хитопадеше», тем не менее суть одна: *лояльность подозрительна.* Допустим, вы находитесь в положении змеи, и тогда вам следует избегать встреч с другими змеями, которые примутся вас хулить, что вы позорите змеиный род. Если же вы находитесь в положении лягушки, то надлежит с самого начала воздерживаться от того, чтобы соглашаться «кататься» на ком-то без явной необходимости. *Опасайтесь принижающих себя!* Самопринижение - это верный признак тактики отступления и выжидания, неважно, избрана подобная стратегия сознательно или интуитивно. Не пользуйтесь сходными уловками сами, по крайней мере до тех пор, пока вы не помираете от голода. Ведь при таком поведении самозащита перерастает в коварство, а разница между ними вообще чрезвычайно тонка. Только бегство представляется искренним, а отступление всегда выглядит неестественно, поэтому уступчивость с вашей стороны потребует оправдания. Вам придется разработать некий ритуал угодливого поведения и соответствующий миф о том, как вы дошли до жизни такой... А всякий миф рано или поздно подвергается разоблачению, иными словами, вы должны заранее соизмерять и ограничивать период предстоящего воздейстия.

Возле пруда жила черная змея, которая совсем состарилась и уже не могла больше ловить лягушек. Не желая помереть голодной смертью, змея в глубоком раздумье свилась на берегу, и, завидев ее неподвижность, одна из лягушек прискакала, чтобы узнать о причинах столь необычного поведения. Тогда змея поведала ей свою печаль: «Сын брахмана пришел искупаться в пруду, а я укусила его за палец на ноге, и он скончался на месте. Когда об этом узнал его отец, он наложил на меня проклятие, повелев в наказание всю оставшуюся жизнь возить на спине лягушек...» Весть об этом мгновенно облетела весь пруд, и сам царь лягушек со свитой явился, чтобы опробовать необычную колесницу. Однако, когда лягушки расселись на спине змеи, она еле ползла, поминутно останавливаясь, чтобы отдышаться. Царь осведомился, почему она не ползет быстрее, и змея ответила: «Ваше Величество! Я совсем ослабела от голода!» Царь высказал повеление своим подданным подкрепить ее силы, и змея принялась поедать безропотных лягушек вволю, пока не насытилась, и совсем воспряла духом. Наконец, окинув взглядом опустевший пруд, она остановила свой немигающий взор на царе и разом заглотила его величество. (4.12)

Итак, отступление – временная мера, а переход в наступление есть логическое развитие отступления. Когда вы терпите поражение, недостаточно организовать маневр отхода, чтобы навсегда осесть в тихом спокойном месте. Военная тактика требует восстановиться в прежнем владении, намеренно сократив появившуюся дистанцию, которая делает вас недосягаемым для противника. Вы отходите лишь для того, чтобы встретиться с противником вновь, но уже в ином качестве. Лучше всего использовать краткий период отступления для мирных переговоров с врагом и заключения договоров с союзниками.

Только при явно безуспешной дипломатии временное пристанище должно превратиться в плацдарм для подготовки к битве, в которую входит «разведка», «смотр войск», «создание запасов». В философском понимании, отступление – это не «свобода от», а «свобода для». Вы избежали расправы, но потерпели поражение, и вам надлежит сражаться. Невозможно всю жизнь прикидываться кротким и смиренным, пока вас отовсюду выталкивают, ибо в конце концов наступает предел, когда «уже некуда более пойти». Отступление имеет «меру терпения» - как далеко вы позволите загонять вас «в тылы»? Рано или поздно наступление становится неотвратимым.

Герой в решающем поединке

В назначенный богами срок восстань,
Отбрось раздумья и бросайся в битву.
Глупец, не распознавший стать врага,
Изничтожается мечом или молитвой.

Правильная подготовка к битве приводит к моментальному и бескровному захвату прежних владений. *Не следует бояться пустого звука* – первое правило настроя, ибо устрашающее звучание часто применяется врагом как одна из разновидностей психической атаки, которую проще всего отбить равнодушием. Наверное, вы уже замечали: когда на вас кричат, сильнейшее противодействие оказывает молчание. Крик предназначен для того, чтобы «пробить» ауру, вызвать смятение, заставить признать поражение без битвы. Если вы осознаете реальную «пустоту» крика, ни одна из этих целей не будет достигнута, а противник останется энергетически истощенным и будет уже неспособен к настоящему нападению. Крик применяется только в том случае, когда не хватает настоящей силы, иначе в нем нет никакого смысла. Часто крик вырывается ненамеренно, из-за внутреннего смятения, выдавая всю ненужность поединка. Только когда вы сами недогадливы и слабы, замысел врага удается. Молчаливый противник гораздо серьезнее, и если вам угрожают «в вежливой форме», то такую угрозу имеет смысл воспринимать как настоящую. Большинство страшных преступлений происходит беззвучно, ведь никто не желает выдать свою причастность к ним, а в открытой борьбе каждый воин нуждается в концентрации внимания и не склонен шуметь. Более того, «трезвон» подчас никак не связан с опасностью, и желательно разузнать его источник прежде, чем считать себя побежденным. Победа легко достается тому, кто способен вовремя разгадать предопределенность исхода «мнимой» битвы.

В горной долине раскинулся город, а на вершине, по преданию, обитал страшный демон Чантакарна. Однажды вор стащил золотой колокол из храма и скрылся в лесу, где на него набросился голодный тигр. Колокол выпал из рук несчастного, а обезьяны подхватили его и давай трезвонить... Позднее люди нашли останки растерзанного тела и заключили: «Всякий раз, когда Чантакарна гневается, он съедает человека и бьет в колокол!» После этого случая все жители были охвачены страхом всякий раз, как с гор начинал доноситься колокольный звон, прятались в домах и запирали двери. Только одна женщина заметила, что колокол звонит совсем беспорядочно, и догадалась, что это обезьяньи проделки. Она явилась к царю и вызвалась одолеть злого демона, если тот даст ей денег. Конечно, царь щедро снабдил женщину необходимыми средствами, на малую часть которых она накупила сластей и фруктов, сложила их в корзину и пошла в лес. Стоило ей вступить в обезьяньи владения, как вся стая бросилась на неслыханное угощение, а колокол остался валяться на земле. Женщина положила его в опустевшую корзину и снова предстала пред царскими очами как победительница Чантакарны. Царь щедро вознаградил ее, а весь город почтил как народную героиню. (2.5)

Если вы не удосужились оценить силы противника перед наступлением, то скорее всего вам не суждено обняться с врагом, ибо ранее вы повстречаетесь с его мечом. Когда вы слишком слабы, неиболее действенный путь к победе – противопоставить противника самому себе. Так называемый «эффект зеркала» достигается возвратом энергии агрессии обратно на нападающего, и тогда вам не придется прикладывать собственную силу для поражения врага. По закону кармы, замышляющий недоброе неизбежно сам пострадает от злодеев. Другое дело, что ждать возмездия на тонком уровне – долг монахов, а не мирян, поэтому нити-шастра отмечает только случаи «созревшей кармы». Подвижник нейтрализует любые нападения бездействием, дожидаясь истощения энергии нападающего или его повержения вызванным им противодействием. Но ведь у подвижника «в запасе вечность», а нити-шастра предназначена для преуспеяния в мирской жизни, она учит нас действовать, а не бездействовать. В «Хитопадеше» приводятся наставления, как сократить период ожидания расплаты, которая рано или поздно неминуема по закону божественной справедливости. Лев, поедающий малых зверей, направляет линию своей судьбы к тому, чтобы быть съеденным львом. В этом нет сомнений, хотя предполагается, что в реальной жизни для свершения возмездия льву придется перевоплотиться в кролика. Но благодаря кармическому преимуществу, кролик может одолеть льва в этой жизни, если ему удастся сконцентрировать обратный поток энергии, найдя подходящее средство.

В одном лесу поселился лев, опьяненный гордостью, и принялся забивать всякого зверя на своем пути просто от желания показать превосходство. Наконец, звери направили ко льву делегацию с прошением не изводить лесной народ, а принимать ежедневную жертву, посылаемую ему для поддержания сил. С тех пор каждый день выбор падал на члена той или иной семьи, а родственники проливали слезы. Наконец, пришел черед тщедушного кролика, и поутру он поскакал к логову льва в качестве «пищи». Однако у него не было ни малейшего желания торопиться, поэтому он добрался до логова уже к вечеру. Изголодавшийся лев взревел при виде кролика и заявил, что на другой день он истребит все лесное зверье, раз его не снабжают провиантом вдоволь. На что кролик возразил: «Господин, по пути меня остановил другой могучий лев и спросил, куда я направляюсь. Услышав, что я следую к вам на обед, лев обозвал вас воришкой в его владениях и велел передать, чтобы вы немедленно убирались!» Потрясенный неслыханной дерзостью, лев взревел: «А ну-ка, покажи мне этого мерзавца!» Тогда кролик поспешно повел его к глубокому колодцу,

166

наклонившись над которым, лев увидел в глубине страшное отражение. Опьяненный яростью, лев бросился на противника и навсегда исчез в колодце, а в лесу наступил мир и покой. (2.9)

Вступая в битву, вы и сами должны избегать эффекта «зеркала», или «бумеранга», чтобы не оказаться разрушенным собственной силой, обратившейся против вас. Очередной парадокс взаимности проявляется, когда вы действуете сообща с другом, в полном единомыслии стремясь к одной и той же цели. Очевидно, что на определенном этапе вы рискуете превратиться из соратников в противников, и чаще всего это происходит после достижения результата. Тогда именно прежняя близость становится гибельной для обоих, ибо в столкновении «равных» не бывает победителя. Можно стремиться к общей цели, но невозможно наравне обладать наивысшей наградой. Вы должны быть внимательны даже в выборе устремлений, ибо крайне опасно хотеть того же самого, чего хотят другие. На начальном этапе вы легко устанавливаете согласие в действиях, обнаружив сходство желаний, но когда дело доходит до исполнения этих желаний, вам же лучше, если они будут существенно отличаться. В нити-шастре, как и в западной психологии, хорошо изучен феномен общечеловеческой склонности хотеть того, чего хотят другие. Простой пример: девушка совершенно одинока, но стоит кому-то обратить на нее внимание, как у нее сразу появляется толпа поклонников. Подсознательное чувство подсказывает: никто не пожелает плохого, и многие попадаются на «стадности». Получить наилучшее – по сути, демоническое желание, когда речь идет о мирских достижениях. Все могут достичь богореализации, но все не могут владеть самой прекрасной женщиной, и при совпадении желаний битва неизбежна.

Давным-давно в лесу жили два демона, весьма сведущие в священнодействиях, и они совершали подвижничество, поклоняясь Шиве, желая возыметь власть над всеми тремя мирами. Наконец, Шива явился перед ними, довольный их усердием, и сказал: «Просите награду!» Так уж вышло, что под влиянием богини речи Сарасвати совершенно неожиданно оба демона позабыли о трех мирах, а в один голос воскликнули: «Отдай нам твою супругу Парвати!» Не желая нарушать свое слово, Шива велел своей божественной супруге предстать перед демонами. Потрясенные неземной красотой, демоны обезумели от вожделения, и каждый настаивал, что она должна принадлежать только ему одному. Тогда они решили обратиться за советом к брахману, и тот ответил: «Вы по природе воины, а значит, вам надлежит решить спор в битве». В исступлении демоны схватились за оружие, и в следующий же миг одновременно разрубили друг друга мечами. (4.9)

Отметив в себе подспудное проявление «демонической природы», мы понимаем, что реальная победа – это победа над собой. Стремлению завлвдеть всеми тремя мирами противопоставлено жертвоприношение, мужественная готовность отдать самое дорогое, что у вас есть, ради счастья других людей. Герой в решающей битве побеждает благородством, ибо стремление отдавать также обращается обратно на вас, по закону кармы, внедряясь в сердце противника или соперника. Когда вы что-то отдаете, вы передаете вместе с тем собственную энергию, которая стремится к созданию привычных вам структур, то есть выступает носителем присущего вам образа мыслей. Индийцы знают, что *ахимса* (ненасилие) – лучшее оружие. Если вам присуще сострадание, то вы распространяете миролюбие, и даже дикие звери не тронут вас. Однако будьте осторожны: вы не сможете сыграть в сострадание, ведь оно работает на энергетическом уровне. Когда вы лишь внешне принимаете позу жертвователя, надеясь на ответное благородство, посудите сами, что вы тогда передаете другому человеку? Конечно, не что иное, как желание воспользоваться чужим благородством. В конечном счете вы потерпите поражение, безвозвратно потеряв то, что отдали в качестве «жертвы»-приманки. Взаимность такого уровня, возвышенная до жертвенности, требует окончательно устранить затаенную страсть к парадоксам. Настоящего героя отличает безупречная чистота души, при которой не остается ничего подсознательного и бессознательного, а значит, он никогда не ошибется в намерениях другого человека.

В некотором царстве однажды в ворота дворца постучал принц из соседней страны и попросил принять его на службу. Царь спросил его, на какое жалованье он согласен, и тот назвал непомерную плату в пятьсот золотых каждый день. Тогда царь спросил его, хорошо ли он вооружен, и принц показал ему простой меч. «Ступай прочь!» - приказал царь, после чего принц с достоинством поклонился и направился к выходу. Однако министры остановили его у дверей и посоветовали царю платить жалование четыре дня, чтобы посмотреть, на что он способен. Получив деньги, половину из них принц пожертвовал на богослужения, а другую половину раздал нищим. Затем он занял место стражника у ворот и застыл, подобно статуе, до глубокой ночи. Когда на город спустилась тьма, за воротами послышался плач, и царь отправил стражника посмотреть, в чем дело, а сам тайком пошел за ним следом. Принц вышел за ворота и увидел на обочине женщину, богато одетую и наряженную, но горько плачущую. «Я богиня-покровительница этого царства, но теперь я намерена покинуть его, ибо меня здесь плохо почитают», - поделилась она своим горем. Тогда принц осведомился, нет ли какого-нибудь средства удержать ее в прежних владениях, и она потребовала принести ей в жертву его собственого сына.

Принц пошел домой, разбудил жену и сына, и они смиренно восприняли волю богини. Без малейших колебаний ради благоденствия страны принц отсек сыну голову, а не видя смысла продолжать жизнь бездетным, пронзил свое сердце мечом. Потерявшая в одночасье сына и мужа, несчастная женщина немедленно покончила с собой тем же мечом... Царь, наблюдавший всю сцену, был потрясен преданностью своих подданных. Воскликнув: «Зачем мне теперь царство, когда оно опустело!» - он решился разделить их участь... В этот момент явилась богиня-покровительница и остановила его властным движением руки, провозгласив: «Сын мой, я довольна твоим порывом! И чтобы восстановить справедливость, я готова вернуть к жизни принца и его семью!» Царь поспешил обратно во дворец, куда вскоре после чудесного воскресения явился принц и занял свой пост у ворот. Когда же царь послал к нему спросить, что случилось ночью, то получил следующий ответ: «Повелитель! Когда плачущая женщина завидела меня с мечом в руках, она сразу исчезла. Больше ничего…» Потрясенный благородством принца, на слудующее утро царь созвал всех придворных и провел церемонию назначения верного сторожа правителем подвластного ему царства. (3.9)

В отличие от безусловной любви, война не существует постоянно ради самой себя, а представляет собой недолгую динамическую форму установления взаимности. Мир – синоним вечности, тогда как война – явление в принципе временное. Вы должны владеть искусством войны, но «боевое искусство» - вовсе не «искусство для искусства», а прикладное ремесло, позволяющее балансировать энергии в теле. Борьба позволяет сделать очертания мира отчетливее и прекраснее, провести более ясные границы между вещами, которые по сути едины, а в проявленной вселенной образуют несчетное множество. Сопротивление – промежуточный этап в развитии дружбы, вот почему изучение нити-шастры начинается с распознавания первого проблеска доверия, а в конце требует вернуться к установлению согласия. Иными словами, доверие априорно (возникает интуитивно, без всякого на то основания), а согласие апостериорно (развивается в процессе накопления опыта общения, имеет веские доказательства своей основательности). Доверие приводит лишь к контакту, а согласие образует прочную связь между людьми. Первое моментально, а второе требует времени. Мы легче доверяем в молодости, а умеем жить в согласии чаще всего в зрелом возрасте. Хотя правильнее было бы сказать «в зрелом кармическом возрасте», ибо зрелость души требует множества перевоплощений и качественного опыта взаимности, а не просто привычки жить «по соседству». Не перепутайте: нити-шастра не учит вас холодно манипулировать людьми, напротив, вы обретаете «высшее душевное образование».

Глава 4. Установление согласия

Наконец, вы разобрались, кто вам друг, а кто – враг. Теперь вы спокойно живете в мире с надежными друзьями и в обоюдном согласии о нейтралитете с «достойными противниками». Более того, при появлении в вашей жизни новых людей, вы уже быстро и точно определяете, какие отношения следует устанавливать. Тогда перед вами встает следующая задача: структурировать имеющиеся отношения, повысить качество общения. И здесь вас подстерегают новые парадоксы взаимности, когда каждый «хочет, как лучше, а получается, как всегда». Именно «лучшее» становится неожиданным камнем преткновения в размеренной семейной жизни, на постоянной работе, со старыми верными друзьями. Прежде всего, важно научиться вовремя уступать в мелочах, постепенно постигая очередной закон взаимодействия. Если ранее вам казалось, что добиваться взаимности – значит, убеждать окружающих действовать в русле ваших намерений, то понемногу становится понятным, что достигать взаимности – значит в равной мере убеждаться в правоте окружающих. В конце концов, вам не потребуется больше достигать согласия ни увещеваниями других, ни уступками со своей стороны. Взаимопонимание подобно чистой воде, оставшейся после оседания мути на дно. Настоящая взаимность устанавливается сама собой, если вы не вмешиваетесь в развитие событий с личными мотивами, а следуете общему ходу вещей, отрешенно созерцая происходящее.

Скрываясь в развалинах форта, царь-лебедь сетовал, кто мог поджечь укрепления, и теперь стало окончательно ясно, что это ворона. Тем временем царь-павлин возжелал назначить ворону царем покоренной державы, хотя министр-коршун был категорически против, выступая за заключение мира. С такой вестью журавль прилетел к поверженному царю-лебедю, и тот принялся вопрошать своего министра-гуся, стоит ли мириться. Гусь решил, что не стоит сдаваться, а надо послать за подмогой к дружественному им царю-цапле, правящему соседним островом. Когда с этой новостью к царю-павлину прилетел запыхавшийся попугай, министр-коршун в восторге от мудрости врага воскликнул: «Браво, министр-гусь!» Затем он вызнал у вороны, которая долго пробыла в стане противника, что царя-лебедя было легко обмануть именно в силу его благородной натуры, тогда как министр-гусь сразу распознал ее двуличие. Тогда министр-коршун убедил царя-павлина окончательно заключить мир с достойным противником, обменявшись с ним дарами. С этой миссией он сам направился в стан царя-лебедя, где был с подобающими почестями принят министром-гусем. После полного примирения с водоплавающими птицами царь-павлин вернулся в свои владения. (4.1)

Так заканчивается длительная война, а примирению посвещена последняя книга «Хитопадеши». Но нити-шастра, ограничиваясь рамками мирского преуспеяния, оставляет без внимания важные особенности индийской культуры построения взаимоотношений. К ним относятся так называемые «кармические связи» между людьми, необъяснимые в рамках одной жизни, взаимодействие с воплощениями богов или демонов, непостижимое в свете земных законов, а также идея всеобщей любви, неотделимая от понятия ананды (блаженства), непередаваемого в западных представлениях. Так, сохранение прежних связей «из жизни в жизнь» предполагает встречи с «кармическими должниками», искоренение «семян» отживших связей, а проявляется подчас как мгновенное узнавание друг друга «среди толпы». Об этом повествуется в жанре «воспоминаний о прошлых жизнях», которыми изобилуют индийские предания. Великий закон «как наверху – так и внизу» раскрывает нам «матрицы связей», действующие «по вертикали» и «по горизонтали». Древнейшие источники излагают пути боговоплощения, и на их примере показано, как высшее связано с низшим. Тогда нам становится понятным, как уживаются в одном и том же человеке возвышенные чувства и низменные страсти, как боги становятся людьми, а люди - богами. И наконец, вдохновленные святыми тексты бхакти-йоги посвящены идеалу божественной любви. Парадигмы идеальных взаимоотношений изглаживают волны сомнений на поверхности блаженства, позволяя терпеливо выкорчевывать парадоксы и бережно взращивать истинные чувства к ближним.

За пределами «одной жизни»

Да кто есть кто, да кто был кем –
мы никогда не знаем...

В.С. Высоцкий

Мудрость проявляется в житейских делах, но исходит она из опыта мышления, постижения всеобщей связи вещей и явлений. Многие события, которые кажутся странными, находят простое объяснение, стоит только расширить сферу внимания и включить в нее события, чуть более отдаленные во времени и пространстве. Мозаика отношений кажется полотном абстракциониста только до тех пор, пока не хватает деталей, и мы не находим «начала и концы» запутанных взаимоотношений. В конечном счете все мы связаны, и вопрос только в том, *как* осуществляются взаимодействия по отдельным связям, *каким образом* эти связи переплетены между собой. Поскольку мир целостен, никому не суждено «выпасть» из общей картины. Просто человек с мирским сознанием неспособен вместить целое, и его «личный мир» нередко рушится уже тогда, когда нарушаются две-три привычные связи. *«Мир соглашается со мной»,* - такая позиция установления согласия «в целом» позволяет расслабиться и не беспокоиться о частностях. Когда нечто пропадает в одном месте, оно непременно появляется в другом месте. Хотя не всякий мудрец также и провидец, и часто он сам не знает наверняка, что именно произойдет, но он постиг закон стремления к равновесию, присущего системе в целом. Если кажется, что произошла явная неприятность, вам остается только ждать, когда проявится благоприятная сторона этого события, которая неизбежно существует. Как говорят мудрецы: «Все, что *ни* делается, к лучшему!» и «Все, что *не* делается, к лучшему!». А истолкование – дело вторичное.

В одной стране был у царя министр, который, что бы ни случилось, неизменно заключал: «Это к лучшему!», и что бы ни предлагал царь, он всегда подтверждал: «Это хорошо!» Однажды на охоте царь случайно отсек себе палец, и министр произнес: «Очень хорошо!». Царь разгневался и велел министру отправляться домой и не показываться ему больше на глаза, а тот подтвердил: «Да, так лучше!» Оставшись без министра, царь скоро заблудился в лесу и попал в плен к дикарям, которые вознамерились принести его в жертву своим богам. Дождавшись утра, они торжественно повели его к шаману, и тот принялся осматривать его тело. Увидев, что не хватает пальца, шаман признал его негодным для жертвоприношения и велел отпустить. Вернувшись во дворец, царь немедленно призвал к себе министра и при его появлении воскликнул: «Теперь я понимаю, почему было хорошо мне лишиться пальца, но почему тебе было лучше получить отставку?» Министр спокойно ответил: «Ваше величество! Если бы мы попали в руки дикарей вместе, то они отпустили бы вас, но принесли в жертву меня, ведь мое тело без изъянов!»

В отличие от мудреца в общем смысле - как мыслителя, в индийской культуре существует такой феномен, как саддху (святой), который действительно провидит прошлое и будущее, поэтому его заключения о грядущих событиях безупречно точны. Сверхспособность к постижению реальности за пределами одной жизни «отдельно взятого» человека развивается долгим путем сознательного включения в восприятие собственной Самости всей Вселенной. Всем нам только кажется, что мы встретились впервые, а на самом деле – это продолжении старых как мир, бесконечно запутанных отношений. Но подобных связей – тьмы и тьмы, отсюда и возникают загадочные появления в нашей жизни тех или иных людей, и столь же непостижимы мотивы их исчезновения. Мы видим лишь волны на поверхности океана, а садху достиг единства с океаном, и всем телом чувствует закономерности любых событий. Нас волнует исключительно собственная жизнь и судьбы наших близких, поэтому в столь суженном сознании отражаются только тени подводных течений, вызывающих волны. Саддху ни в ком не заинтересован, поэтому в его всеобъемлющем сознании отражаются пути огромного количества людей, как они есть, не искаженные желанием видеть их в том или ином свете. Саддху воплощает собой позицию всеобщности, согласно которой все обладает взаимностью. Но «только святой может узнать святого», а пророческие суждения садху часто кажутся верхом парадоксальности обычным людям.

В одном городе жил богатый купец, который задумал построить новый дом и велел расписать стены дивными красками, которые не потускнеют даже спустя много веков, когда в доме будет проживать седьмое поколение его потомков. Когда он давал указания живописцам, мимо проходил старик садху, который рассмеялся над его пожеланием и пошел своей дорогой. Купец не придал значения бродяге, а отправился в свой магазин подсчитывать выручку. В это самое время туда забежал козел, спасаясь от мясника. Завидев беднягу, купец пожелал его выкупить, но мясник запросил целых пятнадцать монет и отказался уступить козла за четырнадцать монет. Тогда купец отдал ему козла на убой, а в это время мимо снова проходил садху, и при виде этой сцены он снова засмеялся. Купец заметил старика, но как ни в чем не бывало поспешил домой ужинать. Молодая жена накрыла на стол и села подле него, держа на коленях их маленького сына. Как нередко случается с младенцами, тот пустил струю, брызги которой долетели до блюда, а купец продолжал есть, ничуть не смущаясь. И тут снова за окном промелькнул силуэт садху, и снова послышался его смех.

Наконец, купец не выдержал и решил выведать у старика, отчего тот всякий раз над ним смеется. Он пал ему в ноги и стал умолять открыть ему причину, но садху долго отнекивался, однако в конце концов согласился. «Видишь ли, - пояснил он, - в первый раз я засмеялся потому, что ты заботишься о седьмом колене потомков, хотя тебе самому осталось жить всего три дня. Это показалось мне забавным. Во второй раз я засмеялся потому, что козел в прошлом воплощении был твоим отцом, обсчитавшим своего приказчика на пятнадцать рублей при расчете. Не найдя другого места, тот пошел работать мясником, а когда отец твой принял вид козла,

175

судьба позволила взыскать с него старый долг, продав его мясо на рынке. Но поскольку твой отец оставил тебе большое состояние, он надеялся, что ты его выкупишь за пятнадцать монет. И когда я увидел, как козла волокут на бойню, ибо ты не захотел платить больше четырнадцати монет, я не мог удержаться от смеха. И в третьем случае от меня не укрылась подоплека событий. Дело в том, что твой новорожденный сын – бывший любовник твоей жены, которого ты убил сгоряча несколько лет назад. Теперь он воплотился в твоей семье, по праву поглотив внимание твоей супруги. Намереваясь разорить тебя и разрушить все построенное тобой, он писает тебе в тарелку, а ты продолжаешь есть – разве не потешно?» Узнав от садху правду о своей жизни, вскоре купец умер.

Мудрец обладает устойчивой позицией в восприятии явлений и понимании их связи, садху же не нуждается в объяснениях, а просто видит вещи, как они есть. Более того, мудрец и подвижник в одном лице обладает способностью не только встречать и объяснять события, но и сознательно влиять на общий ход вещей. Мудрость – аспект знания, а духовная практика – аспект силы. А как известно, одно без другого не только бесполезно, но зачастую совершенно вредно. Когда понимание, какими должны быть идеальные отношения, сопровождается силой воплотить задуманное в действительности, постепенно у нас развивается умение управлять не только сознанием, но и реальностью. Казалось бы, настал апофеоз взаимности, но и здесь обнаруживаются парадоксы. Упорство в том, что именно «я» должен быть инициатором в отношениях, присуще человеку в такой степени, что никакое благое влияние на его судьбу не способно вытравить из него желание властвовать над людьми. Самоуверенность заставляет обратиться против того, кто возвысил вас до самого себя. Вам мало простой взаимности – вам надо быть повелителем взаимности, и здесь взаимность кончается. Почему же подобное своеволие попускается? Мудрец воздействует на состояние сознания, подвижник не остановится перед физическим вмешательством, но мудрец-подвижник никогда не станет лишать вас Самости, ответственной за принятие решений. Вот где вскрывается «тщета любви»...

В стародавние времена на окраине деревни возле самого леса стояла хижина, где великий мудрец совершал подвижничество. Однажды он заметил мышонка, чудом выпавшего из клюва вороны к его ногам, и из жалости выкормил его остатками пищи, приносимой ему как подаяние. Как-то раз за мышью погнался кот, и в поисках прибежища она вскочила к мудрецу на колени. Тогда тот подумал и решил превратить ее в кота. Но стоило коту выглянуть из дома, как на него бросилась злая собака. Мудрец не долго думая превратил своего кота в собаку, но стоило ей отбежать подальше в лес, как на нее сразу же напал хищный тигр. В конце концов, мудрецу ничего не оставалось, как превратить свою собаку в тигра, но сам он по-прежнему обращался с ним запросто, как будто с мышью. И когда люди наблюдали, как они живут вместе в одном доме, они вечно судачили между собой: «Интересно, какими заклинаниями мудрец обратил мышь в тигра?» Слыша их пересуды, тигр порешил: «Загрызу-ка я этого мудреца, ибо пока он жив, никто не забудет моего жалкого прошлого...» Однако от мудреца, конечно, не укрылась перемена в мыслях у его подопечного, и он не мешкая превратил тигра обратно в мышь. (4.6)

Однако постижение взаимоотношений оценивается не только количественно, но и качественно. И дело здесь не только во времени, месте, числе действующих лиц... В индийской культуре общения почти не бывает «чисто человеческих» отношений. Люди не находятся в связях исключительно между собой, они взаимодействуют с существами иной природы, которых принято называть «богами». Инаковость этих взаимоотношений изначально составляет составную часть, а нередко и подлинную подоплеку, объясняющую «странность» многих связей между обычными людьми. В «божественных» влияниях, которым подвержены человеческие массы, а иногда и вполне конкретные люди, заключено оправдание всех непостижимых парадоксов, с которыми люди сталкиваются в «личных» отношениях. Нам кажется, что наши отношения «личные» или даже «интимные», а на самом деле все представление разворачивается на подмостках огромной вселенской сцены, где зрители далеко не безучастны, а наделены правом вмешательства. Проще говоря, если какому-то богу не понравится, как вы себя ведете по отношению к мужу, он «посоветует» мужу «наказать» вас. И стоит ли тогда удивляться, что семья распалась? Нити-шастра мало касается искусства взаимодействия с богами, но историями о связях смертных с бессмертными полны индийские предания, и они сами по себе назидательны.

Отношения между «богами»

Ведомо в преданиях не лживых,
Как неотвратимы судьбы божьи:
Шиве суждено пить яд змеиный,
Вишну – возлежать на змее-ложе.

Кроме религиозной установки на богопочитание, в Индии существует концепция множества аватаров – боговоплощений в человеческом облике. Коль скоро «и боги нисходят на землю», даже в повседневной жизни индийцев очевидно стремление к просветлению, богореализации, переходу на высшие планы бытия. Таким образом, оказывается, что люди и боги не только общаются «снизу вверх» и «сверху вниз», но и часто встречаются на одном уровне, более или менее возвышенном. Когда боги снисходят до людей, тогда встречи смертных с бессмертными носят характер откровений и чудес. Когда же люди восходят к богам, тогда они постигают божественную жизнь напрямую, на собственном опыте. Для индийской культуры характерно сплетение разноуровневых отношений до такой степени, что переходы из плоскости в плоскость совершаются спонтанно и многократно при развитии единой канвы событий. Сначала мудрец, рожденный обычным человеком, но достигший просветления, странствует по небесам и встречается с богами, а затем сами боги спускаются на землю и кочуют по деревням, поражая обывателей познаниями и чудотворством. Без согласия богов, по мнению индийцев, никакое дело не может удасться, вот почему им приходится всецело «доверять» богам или добиваться взаимности высших сил. Богопочитание следует совершать предельно тактично, чтобы не привести различные божественные силы в столкновение. Иначе боги «поссорятся», а их противодействие друг другу скажется на том, кто вызвал их несогласие. Люди страдают от «парадоксов взаимности», случающихся между богами, гораздо серьезнее, нежели от неурядиц с другими людьми, которые тоже зависят от нерасположения богов.

Странствуя по небесам, мудрец Нарада прибыл к покоям бога Вишну, который возлежал на ложе, в то время как его божественная супруга Лакшми растирала его стопы. Мудрец принялся восхвалять добродетельность верной жены, но Вишну поморщился и остановил его словами: «Все бы ничего, но она вечно создает препятствия!» И поскольку мудрец отказывался в это поверить, Вишну позвал его с собой на землю, дабы тот убедился во всем воочию. Вишну принял облик сказителя и направился в глухую деревню, где люди совсем забыли бога и храмы пришли в запустение, дабы наставить их на путь веры и праведности. Постепенно вокруг него стали собираться слушатели, и жизнь в деревне начала налаживаться: люди перестали обманывать друг друга и ругаться. Но вот однажды в один дом постучалась согбенная старуха и попросила воды. Хозяйка протянула ей кувшин с водой, а когда та напилась, то с изумлением получила назад золотой сосуд. Тогда она принялась давать старухе по очереди все вещи в доме, и скоро все имущество превратилось в золото. Никто из этого дома в тот день не пошел слушать сказителя, а на следующий день старуху зазвали к себе соседи. Так, день ото дня толпа вокруг сказителя редела, и со временем возле него не осталось никого. Тогда он покинул деревню, а Лакшми в облике старухи последовала за ним. В опустевшей деревне сначала испортились нравы, а затем наступила нищета, и все пошло по-прежнему. Затем та же история повторилась в следующей деревне, и тогда Нарада понял, как трудно людям совместить в своей жизни добродетель и богатство, вто почему Лакшми постоянно мешает Вишну выполнять миссию.

В индийской космологии, разработанной в рамках различных философских школ, выделяется разное количество миров. Мы уже встречались с демонами, разоблачая «героизм» тенденции к покорению миров, и нам известно, что кроме отношений между богами и праведниками в раю существует ад, населенный грешниками. Но «праведники» и «грешники» отличаются друг от друга не чем иным, как своим отношением к другим людям. Именно способность к взаимной любви делает человека «праведником», а жажда присвоения и стремление к обособленности превращает его в «грешника». Возможности обычного человека взаимодействовать напрямую с обитателями рая и ада сильно ограничены, и он нуждается в «небесном проводнике», роль которого обычно выполняет некий саддху (святой подвижник). Только при содействии того, кто обладает сверхъестественными силами, простой смертный обретает возможность стать свидетелем, а иногда и участником адской или райской жизни. Идеальные модели ада и рая представляют собой доведенные до предела склонности людей к разобщенности и взаимности. В аду собраны люди, которые сосредоточены исключительно на самих себе и не вступают в контакты с ближними, поэтому ад есть место отчаяния. В раю же собраны люди, внимание которых направлено на благополучие всех окружающих, поэтому рай есть место упования. Для отстраненного наблюдателя, не обремененного багажом пороков и заслуг, путь в рай непременно лежит через ад, ибо невозможно постичь и оценить по достоинству чистую взаимность без созерцания оголенного парадокса.

Некий путник прилег отдохнуть под деревом и подумал: «Вот бы сейчас водицы испить!» - и в тот же миг перед ним возник сосуд с водой. Утолив жажду, путник подумал: «Теперь хорошо бы поесть!» - и сразу перед ним на земле появилась скатерть, уставленная блюдами с едой. Догадавшись, что он расположился под деревом, исполняющим все желания (кальпаврикша), путник подумал: «Неплохо бы побеседовать с мудрецом!» - и срезу перед ним появился старый саддху. Мудрец осведомился, зачем путник его вызвал, и тот высказал пожелание попасть в рай. Саддху охотно согласился его проводить, но предупредил, что путь в рай лежит через ад. «Вот и славно, - откликнулся бывалый путешественник, - значит, я смогу посмотреть сразу две страны!» Когда они добрались до ада, там было обеденное время, и столы ломились от изысканых яств. Однако путник скоро заметил, что все обитатели ада не в состоянии поднести пищу ко рту, ибо к их рукам были плотно примотаны прямые палки, не позволявшие согнуть руку в локте. Изнывая от голода, как только они не изворачивались! Но все было напрасно. Выйдя из-за стола голодными, путник и саддху направились в рай, куда они добрели к ужину. К удивлению путешественника, рай ничем не отличался от ада: точно такая же роскошная сервировка и точно такие же «загипсованные» руки. Но вот что поразительно: каждый обитатель рая брал негнущейся рукой пищу со стола и отправлял ее в рот соседа, и таким образом все кругом наслаждались вкусной едой и скоро насытились...

Однако в индийской космологии существует множество других существ, отличных от человека, но не принадлежащих однозначно к высшим богам или низшим демонам. Они не «лучше» и не «хуже» людей, а просто «другие». Такие существа живут по иным законам, непостижимым для обычного человека. Редко смертным удается вступить в контакт с подобными сущностями, еще сложнее им установить взаимное согласие, позволяющее жить вместе довольно долго. Как бы ни любили они друг друга, рано или поздно принципиальное различие в понимании вещей и отношений приводит к разрыву. После подобного опыта человек как бы «зависает» между мирами: он не способен больше поддерживать связь с «инопланетянами», но и вернуться к людям он тоже не в состоянии. В конце концов он превращается в существо аномальное, продолжающее парадоксальное существование на границе между мирами. В Индии за много тысячелетий выработалась подлинная культура взаимоотношения с любого рода «изгоями» общества. В устройстве жесточайшей кастовой системы предусмотрены вполне законные пути, позволяющие вести жизнь вне общества, взаимодействуя с мирскими людьми по иным законам, нежели они сами взаимодействуют между собой. Самая благородная возможность обрести свободу от необходимости отвечать взаимностью на «слишком уж человеческие» предложения – это принятие санньясы, после чего между отшельником и миром наступает полная взаимность в признании принципиальной инаковости друг друга.

Некий старик-отшельник в юности был царевичем и проводил время в развлечениях и праздности, а в жару отдыхал в саду, лениво слушая росказни проезжих купцов. Один из них поведал ему, что на поверхности моря ровно в полнолуние появляется царевна на золотом корабле, украшенном драгоценностями, в окружении служанок. Заинтригованный царевич решился сесть вместе с купцом на корабль, и воистину узрел девицу необычайной красоты. Зачарованный, юноша последовал за ней в глубины моря и вступил в роскошный подводный дворец. Заняв место на троне, красавица послала к нему служанку с извещением, что она дала обет выйти замуж за того из смертных, кто доберется до ее покоев на дне морском. Вскоре они поженились и жили счастливо. Царевичу было доступно все во дворце, но молодая супруга просила его никогда не касаться одного портрета. Изведенный любопытством, как-то раз он не выдержал и прикоснулся рукой к изображению женщины. И хотя она была нарисованной, в тот же миг она пнула его с ногой с такой силой, что он сразу перелетел обратно в свое царство. Страдание от разлуки с возлюбленной супругой было столь невыносимым, что он решил отречься от мира и стал отшельником, бесприютно скатавшимся из города в город. (2.6)

Подлинные отношения всегда поглощают человека целиком, а обнаружение их несостоятельности неизбежно порождает стремление к тому, чтобы использовать преимущества взаимности, не погружаясь в чрезмерные переживания, доходящие до болезненного вскрытия парадоксов. Так возникает феномен фиктивного брака. Надо отметить, что «фикции» гораздо чаще имеют место в отношениях с богами, нежели с людьми, ибо их реальное содержание сложнее доказать, но ведь сложнее и проверить. Мистицизм общения с духами и богами всегда граничит с «духовным бизнесом», которым занимаются профессиональные «черные маги» и любители «чернухи». С корыстными целями они создают видимость взаимоотношений с существами иного порядка, которые на самом деле далеки от того, чтобы вступать в контакты с людьми по подобным каналам. Иллюзорная взаимность между богами и людьми лежит в основании многих сект, где только жесткая внешняя дисциплина поддерживает единомыслие, а тем самым позволяет поддерживать изначальный миф. Сектантство – это весьма своеобразный парадокс ложной взаимности, который вскрывается сам собой именно благодаря искуственному отсечению членов секты от остальных людей. Избранничество и посвящение в определенные ритуалы создает острое противоречие между взаимной поддержкой внутри малого круга людей и резким неприятием внешнего окружения. Подобная однобокая взаимность не позволяет развивать искусство взаимодействия, а требует замкнутости. Однако замкнутая система не может долго существовать, если не начнет распространяться, достигая размаха мнимой «мировой религии».

Некоему бандиту с большой дороги отрубили нос в ночной схватке, и он решил удалиться в лес, чтобы не показываться людям на глаза в столь неприглядном виде. В лесной чаще он уселся на тигровую шкуру и принялся «медитировать», хотя и не верил в подобные глупости, а что еще оставалось делать? Спустя годы люди прослышали о его подвигах, и к нему потянулись искатели истины с просьбами о наставлениях, как «узреть бога живого». Наконец, один пылкий юноша возжелал принять от него посвящение. И вот, темной ночью бандит отвел несчастного в уединенное место, выхватил нож и одним ударом отсек ему нос, торжественно заявив: «Теперь ты посвящен в тайный орден и наделен властью передавать посвящение другим...» Скоро секта «безносых святых» распространилась по всей стране!

Несмотря на злоупотребления верой, в индийской традиции с древнейших времен и до наших дней именно духовные связи по преимуществу признаются реальными, а мирские – нереальными. Даже в нити-шастре, самой приземленной из всех наук, воздается должное святым и подвижникам, не обремененным суетой в погоне за мирскими достижениями. «Мир» в материалистическом смысле представляется глубокой бездной, падение в которую влечет за собой полную потерю сознания, и подобный исход событий представляется худшим из зол, которого всякий индиец стремится избегнуть любой ценой. Даже последний рикша (носильщик) замирает хотя бы на миг, проходя мимо храма, чтобы упрочить свою связь с надмирным бытием. Однако настоящая взаимность и все подлинные отношения балансируют на краю этого бездонного мирского «колодца», и только «единство в духе» спасает подвижников от падения. «Круговая поддержка» между людьми, вышедшими из состояния общечеловеческого заблуждения, есть наивысшая форма взаимности. Конечно, люди, согласные с богами, не должны бояться несогласия с людьми, но ведь нам уже известно, что граница между богами и людьми весьма сомнительна. Нити-шастра нисколько не помогает в установлении взаимности с богами, и здесь мы подбираемся к пределам житейской мудрости, за которыми усвоенные нами правила поведения больше не работают.

На краю мирского «колодца»

Искушенный в деланье духовном
Вряд ли соблазнится пустословьем...
Не внимайте чьим угодно назиданьям
Без разбора, словно божиим вещаньям!

Выбравшись из житейской суеты, человек все время остается на грани того, чтобы снова в ней запутаться. Чем дольше ему удается находиться во взаимодействии с миром, не превращаясь в мирянина, тем более многоопытным он становится в том, как заставлять других людей признавать его инаковый статус. Это другая форма взаимности, нежели в случае разлуки, когда доминирует мнение «мы не вместе», или же войны, когда преобладает утверждение «мы друг против друга». Согласие в том, что мы «инаковые» создает совсем особые возможности для положительного взаимодействия, хотя подспудно каждый старается перетянуть другого на свою сторону. Мирянин и монах большую часть времени проводят с себе подобными, нарабатывая вполне определенные структуры соотношения с ближними. Когда же они вступают в контакт друг с другом, они подчас не в состоянии моментально перестроиться, включить альтернативные парадигмы поведения. Практически все парадоксы взаимности между монахами и мирянами происходят не из-за того, что они не понимают друг друга, а из-за того, что они забываются, принимая друг друга за вполне таких же людей. Конечно, для этого есть все основания: монах в прошлом - мирянин, а мирянин - потенциальный монах. Более того, монах снова может превратиться в мирянина.

На горе стоял монастырь, а в долине раскинулся город. Как-то раз старец решил послать молодого послушника вниз, чтобы пополнить запасы продуктов в монастырской кладовой. Послушник пошел в город, где ему пришлось заночевать, а поутру он увидел дивную процессию, возглавляемую богами – Ситой и Рамой. Возрадовавшись, он поделился с продавцом своей заслугой, что ему явились боги, отчего его земное воплощение достигло конечной цели. Но в ответ торговец обозвал его олухом и объяснил, что это всего лишь свадебная церемония. Удивленный послушник выведал у торговца все подробности мирской жизни, страстно возжелал жениться и поспешил к старцу за благословением. Но добрался он уже затемно и не решился никого будить, а заночевал прямо на краю монастырского колодца. Ночью ему приснился дивный сон, как он наслаждается с молодой женой в городском доме, отчего он принялся ворочаться и свалился в колодец. Поутру монахи подняли его наверх и повели к старцу, и он поделился своим намерением оставить монастырь. Тогда старец строго посмотрел на него и сказал: «Коли простой сон о женитьбе привел к падению в колодец, только вообрази себе, в какой бездонный колодец отчаяния столкнет тебя мирская жизнь наяву!» Опомнившись, послушник испросил у старца прощение и вернулся к духовному деланию.

Каково же структурное отличие взаимности по-мирски и при сподвижничестве? Мирские отношения между людьми с «приземленным» мышлением характеризует преимущественно их опосредованность вещественными интересами, тогда как

185

подвижники общаются непосредственно в духе. Миряне вообще редко допускают предельную близость, не оставляя никаких секретов и препятствий между собой. Нити-шастра, как назидание в преуспеянии среди себе подобных, есть «искусство опосредования» при общении с ближними, даже когда речь идет о прямых деловых контактах или интимных связях. «Подвижником» можно считать того, кто каждый поступок совершает как перед богом, не опасаясь огласки, хотя бы все его действия стали всеобщим достоянием. Человек мирского склада – закрытая система, и в основном закрытость создается озабоченностью конкретными вещами. Вот почему монахам вменяется непопечительство, ибо забота о чем угодно сужает границы внимания, наращивает «стены», которые и определяют человека как личность в обществе. Можно сказать, что общество – не столько бездна, сколько трясина, ибо оно «затягивает», пока над вашей головой не сомкнется тина «принятых устоев», задающая потолок вашим устремлениям. Стоит подвижнику вступить в малейший контакт с мирянами, опустившись на тот же уровень беспокойства о житейских нуждах, и скоро даже закоренелый отшельник превращается в «полезного члена общества». Так, из-за заботы о куске ткани, обмотанном вокруг бедер, почитаемый всеми подвижник превратился в обыкновенного мирянина.

В великой нищете совершал некий подвижник богослужения, посвящая все время повторению имени бога. Ничего на нем не было, кроме набедренной повязки, да и ту начала поедать мышь, пока он сидел в глубокой медитации. Он попросил односельчан сделать что-нибудь, чтобы отвадить мышей от хижины, и вскоре в доме появился кот. Однако трудно было удержать кота в доме, тогда соседи посоветовали ему завести корову, чтобы поить кота молоком. Но корову нужно было пасти, поэтому они выделили ему часть пастбища за околицей. Подвижник не мог оставить богослужение и следить за коровой на выпасе, тогда ему выделили слугу, чтобы ухаживать за коровой. Как-то раз подвижник заметил, что слуга собирается домой, и спросил, почему тот вынужден отлучиться. Узнав, что у слуги есть семья, по которой он скучает, подвижник велел ему переселиться в пристройку вместе с семьей. На другой день он с удивлением заметил, что слуга весь светится от счастья, и захотел знать, каким путем он достиг таких высот блаженства. Слуга поделился с ним, какое наслаждение доставляет семейная жизнь, и тогда подвижника осенило: «Я должен жениться!» Вскоре на порог вступила молодая жена, а спустя несколько лет дом подвижника наполнился детьми и вещами.

Другое проявление опосредования, кроме неумеренного интереса к «круговороту вещей», в отношениях между мирскими людьми составляет ложь. В человеческом обществе всегда имеет смысл лгать, иначе достижение поставленных вами целей становится крайне затруднительным. Как ни парадоксально, но с духовной позиции (которую не следует путать с душевностью) нити-шастра – это наука о хитрости, помогающая обрести навык «праведной лжи» во свасение от ближних. Заведомо предполагается, что вокруг мирянина полно хищников и негодяев, за исключением редких «настоящих друзей», поэтому он должен уметь изворачиваться. Ничто иное не определяет принадлежность любого человека к миру, как его способность и стремление представлять вещи и события не так, как они существуют на самом деле, а в наиболее выгодном для самого себя свете. Ни богатство, ни разврат, ни чревоугодие не удовлетворяет людей в такой мере, как умение обвести вокруг пальца ближнего, а по возможности и дальнего. Причем, снова подчеркнем: речь не идет исключительно о низменной лжи, а под эту статью подпадают так называемые честные люди, которые «обманываться рады», то есть обманывают прежде всего самих себя. Для духовного человека весь мир – майя, пучина заблуждения, гиблое смешение реального с нереальным, в которой каждый «выплывает сам».

Однажды учитель спросил своих учеников, в чем состоит высшее счастье, и те заспорили между собой. Один сказал: «Питаться сытной мясной пищей», другой – «Заниматься любовью с прекрасной женщиной», третий – «Накопить много денег и имущества». Учителю ничего не стоило опровергнуть подобные заявления, но тут четвертый ученик заявил: «Высшее счастье заключается в том, чтобы говорить ложь!». Учитель потребовал доказательств, и ученик попросил дать ему достаточно денег и времени. Получив желаемое, он направился в город, где возвел храм и возвестил: «Всякий может узреть наивысшего бога в святилище, но только при одном условии, что он честный человек и всегда говорит правду!» Множесто людей приходили в храм, а выходя рассказывали, как милостив Господь, явивший им свой лик. Наконец, в храм пожаловал учитель и вышел, во всеуслышание восхваляя явление Господа... Тогда ученик сказал: «Вот видишь теперь, сколько удовольствия доставляет людям врать! Никто из посетителей храма, конечно, не видел внутри бога, но как они все счастливы!» И учителю пришлось признать правоту своего ученика.

Житейские нужды - последнее покрывало майи, как мира в целом, или сплошная иллюзия, в которой реальность неотделима и неотличима от нереальности. Ложь существует в виде сплошной сети, опутывающей сознания множества людей. Если всего несколько человек однозначно договорились между собой, то им ничего не стоит запутать другого человека, пусть даже он представляет собой воплощение честности в словах и праведности в поступках. Как мы отмечали, взаимность – явление совершенно естественное: трудно и почти невозможно думать иначе, чем все вокруг тебя. Только многообразие мнений позволяет нам выбирать «лучшее» или просто наиболее «удобное» на данный момент. Вот почему однажды начатое дело так трудно довести до конца, когда обстоятельства меняются и вокруг вас попеременно оказываются то одни, то другие люди. Человек склонен соглашаться и противоречить в то же самое время – поступать так он научен «горьким опытом» мирской жизни. Поначалу он обретает умение соглашаться с одними, и спорить с другими, а впоследствии ему уже ничего не стоит соглашаться и спорить вместе. Справедливо подозревая людей в «сговоре», он стремится добиться независимого мнения, рассмотреть разные точки зрения, чтобы составить некое «непредвзятое» заключение. Однако вот что, как правило, из этого выходит...

Жил в одном городе бедный брахман, давший обет совершать жертвоприношения в положенный срок. Однажды отправился он в ближайшую деревню, чтобы испросить животное на заклание, и благочестивый пастух даровал ему подходящего козла. Брахман взвалил козла на плечи и тронулся в обратный путь, а по дороге его заприметили три голодных вора, у которых слюнки потекли от предвкушения жаркого. Посовещавшись, они составили хитрый план, как заполучить козла. Первый вор забежал вперед и, словно невзначай попавшись навстречу, запричитал: «О, несчастный! Зачем ты тащишь с собой нечистую тварь – дохлую собаку?» Через некоторое время повстречал брахман второго вора и услышал от него то же самое. Наконец, третий вор вышел навстречу брахману из-за поворота и повторил те же слова. В конце концов, брахман не выдержал: «Видать и впрямь я ошибся в выборе жертвенного животного!» С этой мыслью он поспешно бросил козла на дороге, совершил омовение и направился домой. А стоило ему скрыться из виду, как воры принялись разводить костер, чтобы приготовить праздничный ужин. (4.10)

Отчаяние в способности понимать происходящее в реальности – исход взаимности, от которой нам некуда деться. Мы сами непрерывно добиваемся взаимности, но становимся «жертвами» покушений на наше согласие со стороны других людей. Ведь все вокруг тоже хотят, чтобы мы были согласны с ними, и в конечном счете мы совершенно не можем расслабиться, а с другой стороны – что еще остается? Если мы прекратим на некоторое время собственную активность, мы с удивлением обнаружим, что не нужно ничего добиваться, а достаточно только останавливать наиболее «агрессивных» единомышленников. Если мы хотим взаимности, то нам ничего не стоит ее получить, а все парадоксы – только в содержании соглашения. Каждый готов обменяться с нами коротким «да», а дальше начинается самое интересное... Как известно, все сказки кончаются свадьбой, то есть триумфом взаимности, и действительно: взаимность кладет конец фантазиям и сталкивает нас лицом к лицу с объектом нашей любви. В конечном счете, наши мытарства по парадоксам взаимности продолжаются и будут продолжаться до тех пор, пока мы не научимся произносить «нет». Однако кто поручится, что культура взаимности, впитанная годами вращения в человеческом обществе, не сыграет злую шутку с нашим стремлением к честности? Мы говорим «нет», но у нас не может быть полной уверенности, каким именно содержанием наполняет другой человек в своем уме это чистейшее «нет». В такой ли степени это опасно, как неизвестная нам подоплека чужого «да»?

Заключение. Твердое «нет»

Никто, в наших письмах роясь,
не понял до глубины,
Как мы вероломны – то есть
как сами себе верны...

Марина Цветаева

Взаимность обусловлена в большей мере нашим умением говорить «нет», нежели дожидаться, пока кто-то скажет «да». Парадоксальность обоюдных суждений – неотъемлемое свойство взаимности, хотим мы того или нет. Современный человек помешан на однозначности, которой в мироздании не существует. Трехкратное вопрошение: «Любишь ли ты меня?», как нам известно из священного благовестия, заставляет дважды ответить «да», а на третий – заплакать и отойти. Добиваясь ясности и отчетливости в отношениях, пытаясь установить взаимность, мы лишаем себя присутствия другого человека. Взаимность между нами означает только одно: у меня одна взаимность, а у него – совсем другая взаимность. Иначе инаковость другого теряет всякую ценность. И не лучше ли обставить себя зеркалами, которые в точности будут воспроизводить каждое ваше движение? Доверие рискованно не потому, что вокруг полно обманщиков, а потому, что вокруг полно непостижимого. Мы выделяем малую часть взаимодействия с миром по критерию взаимности как «своего», но если мы перестанем произносить «нет» всему «чужому», то понятие взаимности вмиг лишится всякого смысла.

Взаимность заключает в себе тайну, ибо затрагивает основы бытия, а сведение существования к самому основанию означает всеобщее единство, где нелепа взаимность между двумя избранными друг другом. Как любил подчеркивать один великий западный философ, «разум есть способность вечно выносить величайшие противоречия». Быть человеком «разумным» означает не решать противоречия, а уметь непрерывно находиться в потоке сменяющих друг друга противоречий. Не ищите однозначных решений, ибо их нет, – таково главное наставление также и индийской нити-шастры. Быть человеком и жить среди людей, значит, постоянно противоречить самому себе, приходя во временное согласие с окружающими. Стать Самим Собой – головокружительный трюк, ибо тем самым вы раз и навсегда перестаете быть «человеком», по крайней мере, человеком «разумным». Впрочем, в свете вышеизложенной индийской космологии, вы от этого только выигрываете... Когда вас интересует взаимность в чистом виде, вам глубоко безразлично, какой смысл вкладывает в свое «да» предстоящий перед вами человек и что именно он пытается отрицать своим безответственным «нет».

Так нравится ли вам быть «человеком»? Помните, что бесполезно думать, прежде чем произносить «да» с подтекстом или твердое окончательное «нет». Продолжая жить в миру, так или иначе вы остаетесь «разумным», и вам никогда не удастся сделать решающий шаг, после которого вы можете быть уверены, что уж теперь-то все пойдет так, как вам того хочется. Если под собственным «я» вы понимаете вот этого самого гражданина, одетого сегодня в серый элегантный костюм, вы устанете добиваться, чтобы этот вполне достойный гражданин превратился в властелина Вселенной. Когда же под самим собой вы начнете понимать всеобщую личность, вам останется мало дела, как там поживает отдельно взятый гражданин в сером костюме. Тогда вы по прежнему сохраняете взаимность с миром, но она включает в себя все, поэтому полностью бессодержательна. Теперь вам не нужно добиваться согласия начальника, чтобы вас повысили в должности, ибо человек, занимающий место повыше, является такой же малой частью вашей беспредельной личности, как и ваша прежняя индивидуальность. Такова индийская философия, тогда как нити-шастра – это всего лишь наука, позволяющая вам преуспеть в жизни до такой степени, чтобы преуспеяние перестало вас волновать.

Источники
1. The Hitopadesha: An Ancient Fabled Classic / Edited by G.L. Chandiramani. Mumbai, 2005.
2. Kirin Narayan. Storytellers, Saints, And Scoundreld: Folk Narrative In Hindu Religious Teaching. Delhi, 1992.

Сведения об авторе

Мария Владимировна Николаева (Атма Ананда, Шанти Натхини, Долма Джангкху, Маде Шри Нади)
- специалист по западной и восточной философии и личностной психологии (три диплома);
- действительный член научной Ассоциации исследователей эзотеризма и мистицизма;
- кандидат в члены Интернационального союза писателей с международным паспортом писателя;
- член Союза Перводчиков России (Санкт-Петербургское отделение);
- автор 33 научных и популярных книг по восточным культурам (общий тираж 115 000 на русском);
- 15 переизданий на 6 иностранных языках (английском, китайском, индонезийском, литовском, эстонском, украинском);
- свыше 120 статей в периодических и академических изданиях, включая материалы научных конференций в вузах;
- переводчик и литературный редактор классических текстов и книг известных современных восточных мастеров;
- постоянный корреспондент российских и зарубежных журналов ("Йога", "Ёgα", 'Ubud Community', 'Sanur Community');
- регулярно дает интервью для масс-медиа (CNN (США), "Эхо Москвы", "Голос России", "Теории и практики", 'BaltNews' (Эстония), "Русские Афины" (Греция), 'Front News' (Болгария), 'OMNI Scriptum' (Германия), 'Beinenson.News', "Планета семинаров" и др.).

Параллельно с активной профессиональной философской деятельностью писателя и учителя, четверть века посвятила синтезу духовных практик в разных традициях:

- первый этап в западной культуре: биофак, древнегреческая и классическая немецкая философия, духовное делание в христианстве, путь воина, оккультизм, экстрасенсорика и биоэнергетика;
- 5 лет в Индии: проживала в ашрамах, совершала паломничества к святым местам в Гималаях; проходила тренинги в духовных центрах, сертифицирована как инструктор по йоге, была приглашена в Индийскую академию йоги, получила посвящения в крийя-йоге, натха-сампрадайе, буддизме ваджраяны, степень мастера рейки; приняла карма-санньясу;
- 2 года в 10 странах Юго-Восточной Азии (от Индии до Китая): проводила исследования в разных культурах, сидела долгие медитативные ритриты (випассана и дзен), изучала даосизм, тайцзы, шаманизм и др.;
- 5 лет на острове Бали (Индонезия): давала индивидуальные консультации по духовным практикам, сотрудничала с местными священниками и целителями, служила проводником по местам силы;
- с 2014 вернулась в Петербург: издает полное собрание своих трудов, продолжает преподавание практик и чтение лекций, будучи почетным членом РОО «Петербургская школа йоги», и параллельно реализует проект "Восток на Западе" (1 год в 10-ти странах Европы).

Содержание

Книга 1.
«Панчатантра»:
Стратегия преуспевания

Книга 2.
«Хитопадеша»:
Парадоксы взаимности